Prayerful Author Journey
Inspirational Yearly Planner

RACHEL J. GOOD & DEMI STEVENS

Copyright © 2020 Laurie J. Edwards & Demi Stevens

All Rights Reserved

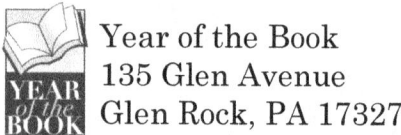
Year of the Book
135 Glen Avenue
Glen Rock, PA 17327

Print ISBN: 978-1-64649-077-6

All rights reserved. No portion of this book may be reproduced in any form without permission from the publisher, except as permitted by U.S. copyright law. For permissions contact publisher at the address above.

Many Blessings

Much thought and prayer went into the development of this daily planner, which is geared for inspirational writers. After looking at different planners, we found many had features we wanted to include, but we also wanted to keep track of our writing along with our spiritual lives, daily schedules, prayer requests, to-do lists, goals, and future plans. Having a place to keep all this information helps us focus on the things that matter.

> By saying 'no' to things that don't feel right,
> you'll have more time to say 'yes' to God's plans.

As we enter a new year, let's prayerfully consider what the Lord wants us to do with our lives and time. He is the "author and finisher" of the work we've been called to do.

> Our greatest fear should not be failure
> but of succeeding at things in life
> that don't really matter."—Francis Chan

If you are called to be a writer, we hope this daily planner will help you in both your writing and spiritual journey this year.

MY VERSE FOR THE YEAR

Looking Back... and Looking Ahead

To plan for your best and most rewarding writing year, it's important to recognize and give thanks to God for last year. In the pages that follow, prayerfully consider each question and write your responses. Just dive in and be honest.

Take time to celebrate the milestones you achieved this past year, and recognize goals left undone. With God's guidance, you can make a fresh start. Decide which goals will move forward with you into the new year. If a long-held goal no longer serves you, release it. You'll make more space in your life to create.

> Your life is a first draft.
> Trust God to do the editing.

God has a plan for your life. As you answer the questions, be open to His leading. Perhaps He wants you to move in a different direction. Give Him control, and discover what He wants to do with your life this year.

 MY WRITING PRAYER FOR THE YEAR

What is God calling you to do? Use this planner to keep track of both your spiritual and writing journeys. Write in it. Plan in it. Live an INSPIRED and PRAYER-FILLED life.

- Pray about your future
- Focus on your mission
- Set daily intentions
- Track writing progress
- Overcome procrastination
- Evaluate your progress
- Take time for gratitude
- Remember appointments
- Record story ideas
- Check off books you read
- Organize writing contacts
- List expenses and submissions
- Note your accomplishments
- Use time wisely

Select a word to represent your spiritual focus for the year:

Now it's time for a yearly review.

Looking Back...

What were the most memorable moments of last year?

THANK GOD FOR THESE EXPERIENCES

What am I most grateful for?

What do I wish I'd done less of?

In what ways did God work in my life this year?

Did my priorities reflect my spiritual values?

How do I feel about my writing/life balance?

Did I stay open to God's leading in my life and writing this year?

Am I happy with my progress in all areas of my life this year?

What would I like to change?

ADD THESE ITEMS TO YOUR PRAYER LIST

What were my greatest challenges?
What spiritual lessons did I learn from them?

Who inspired me most this year? How and why?

What are the top three things I wish I'd accomplished?

BE SURE TO INCLUDE THESE AS PRIORITIES IN PLANNING THIS YEAR.

Looking Ahead...

As the new year opens before me, what is the Lord calling me to do? Surrender to His will and begin moving beyond the POSSIBLE to the MIRACULOUS.

If I truly believed ALL things are POSSIBLE with God, I'd...

Use the next page to map the big goals you want to achieve in each area:

* Spiritual
* Family
* Personal
* Writing
* Business
* Health

Draw connecting lines from each goal to the steps you'll take to get it done.

Ex:

My Creative Space

Prayerfully plan goals that align with your highest purpose.
Then Mindmap. Sketch. List. Color.
Use whatever helps you most in recording your plans.

Select the most important task God is calling you to do this year, and put it on the tree trunk. Then break down this task into goals as follows:

SOIL: What support or resources do you need to make this happen? Prayer, Bible reading, and listening to God are the foundation. Also list prayer partners, mentors, books, classes, etc. Maybe you need more time, money, office space. Ask God to help you come up with ways to get the support you need.

ROOTS: The roots are your core beliefs. What do you believe about God's power to do the work He's called you to do this year? Write some of His promises you want to remind yourself about this year.

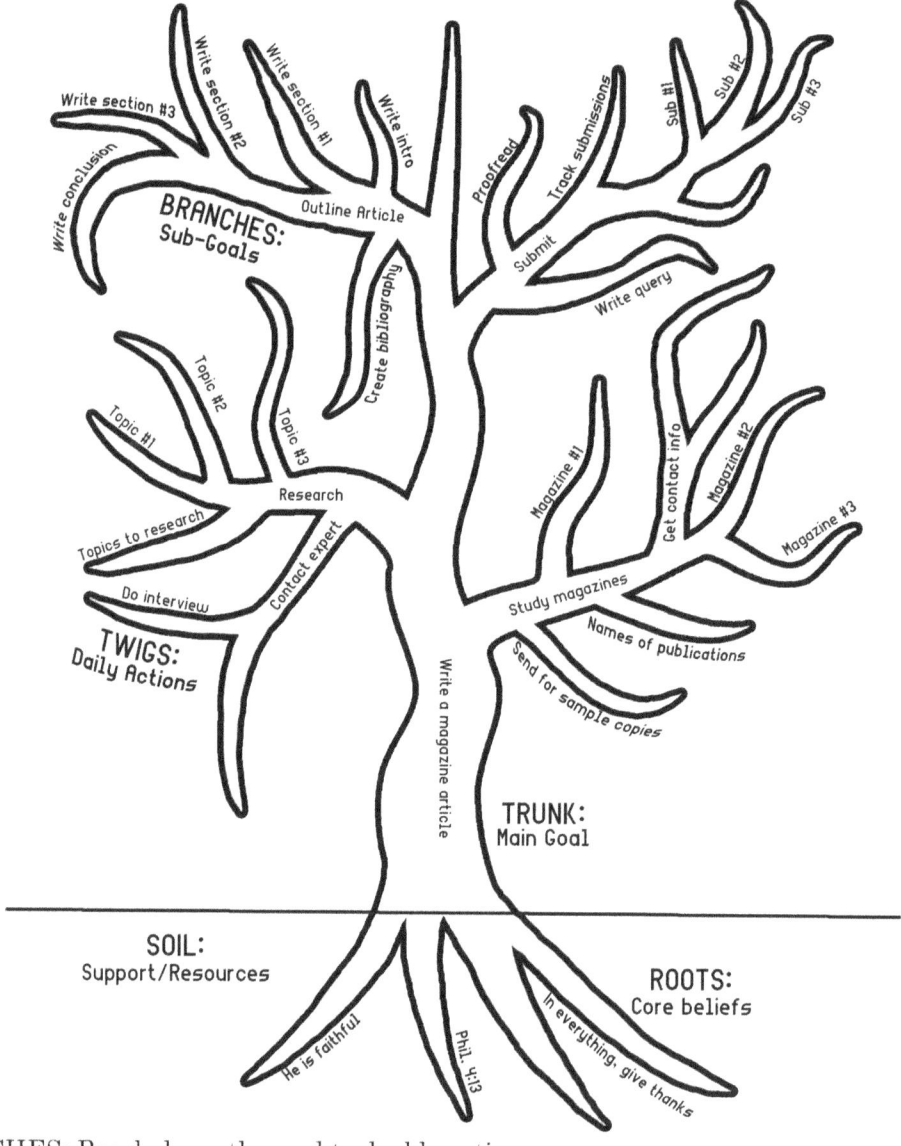

BRANCHES: Break down the goal to doable actions.

TWIGS: Use these for smaller actions or daily goals. Add deadlines if desired.

LEAVES: When you complete a goal, draw a leaf on the end of that branch. Date it and color it in. When you've completed all your goals, you'll have a flowering tree. Make copies of the tree for other goals.

Need more space to map out your goals?
Visit YOTBpress.com/prayerfulauthorjourney for free printables!

Goals of My Heart

Make a list of everything you want to do. Pray about this list each month, and add the most important items to your calendar because making time for your goals is the only way to get them DONE.

- [x] 1. Plan for the writing year ahead
- [ ] 2.
- [ ] 3.
- [ ] 4.
- [ ] 5.
- [ ] 6.
- [ ] 7.
- [ ] 8.
- [ ] 9.
- [ ] 10.
- [ ] 11.
- [ ] 12.
- [ ] 13.
- [ ] 14.
- [ ] 15.
- [ ] 16.
- [ ] 17.
- [ ] 18.
- [ ] 19.
- [ ] 20.
- [ ] 21.
- [ ] 22.

- [ ] 23. _____
- [ ] 24. _____
- [ ] 25. _____
- [ ] 26. _____
- [ ] 27. _____
- [ ] 28. _____
- [ ] 29. _____
- [ ] 30. _____
- [ ] 31. _____
- [ ] 32. _____
- [ ] 33. _____
- [ ] 34. _____
- [ ] 35. _____
- [ ] 36. _____
- [ ] 37. _____
- [ ] 38. _____
- [ ] 39. _____
- [ ] 40. _____
- [ ] 41. _____
- [ ] 42. _____
- [ ] 43. _____
- [ ] 44. _____
- [ ] 45. _____

Need more space to list your goals?
Visit YOTBpress.com/prayerfulauthorjourney for free printables!

2020

~January~
S	M	T	W	T	F	S
			1	2	3	4
5	6	7	8	9	10	11
12	13	14	15	16	17	18
19	20	21	22	23	24	25
26	27	28	29	30	31	

~February~
S	M	T	W	T	F	S
						1
2	3	4	5	6	7	8
9	10	11	12	13	14	15
16	17	18	19	20	21	22
23	24	25	26	27	28	29

~March~
S	M	T	W	T	F	S
1	2	3	4	5	6	7
8	9	10	11	12	13	14
15	16	17	18	19	20	21
22	23	24	25	26	27	28
29	30	31				

~April~
S	M	T	W	T	F	S
			1	2	3	4
5	6	7	8	9	10	11
12	13	14	15	16	17	18
19	20	21	22	23	24	25
26	27	28	29	30		

~May~
S	M	T	W	T	F	S
					1	2
3	4	5	6	7	8	9
10	11	12	13	14	15	16
17	18	19	20	21	22	23
24	25	26	27	28	29	30
31						

~June~
S	M	T	W	T	F	S
	1	2	3	4	5	6
7	8	9	10	11	12	13
14	15	16	17	18	19	20
21	22	23	24	25	26	27
28	29	30				

~July~
S	M	T	W	T	F	S
			1	2	3	4
5	6	7	8	9	10	11
12	13	14	15	16	17	18
19	20	21	22	23	24	25
26	27	28	29	30	31	

~August~
S	M	T	W	T	F	S
						1
2	3	4	5	6	7	8
9	10	11	12	13	14	15
16	17	18	19	20	21	22
23	24	25	26	27	28	29
30	31					

~September~
S	M	T	W	T	F	S
		1	2	3	4	5
6	7	8	9	10	11	12
13	14	15	16	17	18	19
20	21	22	23	24	25	26
27	28	29	30			

~October~
S	M	T	W	T	F	S
				1	2	3
4	5	6	7	8	9	10
11	12	13	14	15	16	17
18	19	20	21	22	23	24
25	26	27	28	29	30	31

~November~
S	M	T	W	T	F	S
1	2	3	4	5	6	7
8	9	10	11	12	13	14
15	16	17	18	19	20	21
22	23	24	25	26	27	28
29	30					

~December~
S	M	T	W	T	F	S
		1	2	3	4	5
6	7	8	9	10	11	12
13	14	15	16	17	18	19
20	21	22	23	24	25	26
27	28	29	30	31		

Holidays

Jan 1	New Year's Day	Jun 21	Father's Day
Feb 14	Valentine's Day	Jul 3	Independence Day (obs.)
Feb 15	Presidents' Day	Jul 4	Independence Day
Feb 26	Lent Begins	Sep 7	Labor Day
Apr 5	Palm Sunday	Nov 11	Veterans Day

2021

~January~
S	M	T	W	T	F	S
					1	2
3	4	5	6	7	8	9
10	11	12	13	14	15	16
17	18	19	20	21	22	23
24	25	26	27	28	29	30
31						

~February~
S	M	T	W	T	F	S
	1	2	3	4	5	6
7	8	9	10	11	12	13
14	15	16	17	18	19	20
21	22	23	24	25	26	27
28						

~March~
S	M	T	W	T	F	S
	1	2	3	4	5	6
7	8	9	10	11	12	13
14	15	16	17	18	19	20
21	22	23	24	25	26	27
28	29	30	31			

~April~
S	M	T	W	T	F	S
				1	2	3
4	5	6	7	8	9	10
11	12	13	14	15	16	17
18	19	20	21	22	23	24
25	26	27	28	29	30	

~May~
S	M	T	W	T	F	S
						1
2	3	4	5	6	7	8
9	10	11	12	13	14	15
16	17	18	19	20	21	22
23	24	25	26	27	28	29
30	31					

~June~
S	M	T	W	T	F	S
		1	2	3	4	5
6	7	8	9	10	11	12
13	14	15	16	17	18	19
20	21	22	23	24	25	26
27	28	29	30			

~July~
S	M	T	W	T	F	S
				1	2	3
4	5	6	7	8	9	10
11	12	13	14	15	16	17
18	19	20	21	22	23	24
25	26	27	28	29	30	31

~August~
S	M	T	W	T	F	S
1	2	3	4	5	6	7
8	9	10	11	12	13	14
15	16	17	18	19	20	21
22	23	24	25	26	27	28
29	30					

~September~
S	M	T	W	T	F	S
			1	2	3	4
5	6	7	8	9	10	11
12	13	14	15	16	17	18
19	20	21	22	23	24	25
26	27	28	29	30		

~October~
S	M	T	W	T	F	S
					1	2
3	4	5	6	7	8	9
10	11	12	13	14	15	16
17	18	19	20	21	22	23
24	25	26	27	28	29	30
31						

~November~
S	M	T	W	T	F	S
	1	2	3	4	5	6
7	8	9	10	11	12	13
14	15	16	17	18	19	20
21	22	23	24	25	26	27
28	29	30				

~December~
S	M	T	W	T	F	S
			1	2	3	4
5	6	7	8	9	10	11
12	13	14	15	16	17	18
19	20	21	22	23	24	25
26	27	28	29	30		

Holidays

Jan 1	New Year's Day	Jun 21	Father's Day
Feb 14	Valentine's Day	Jul 4	Independence Day
Feb 15	Presidents' Day	Jul 5	Independence Day (obs.)
Feb 17	Lent Begins	Sep 6	Labor Day
Mar 28	Palm Sunday	Nov 11	Veterans Day

This Month's Focus

Personal Projects

Writing Projects

Other

MONDAY	TUESDAY	WEDNESDAY

Bible Study Goals

 Social Media Goals

THURSDAY	FRIDAY	SATURDAY	SUNDAY

 Book Sales / Releases / Queries

Week Of

With God, all things are possible.

~Read Phil. 4: 13

PRIORITY GOALS

TO DO

PRAYER REQUESTS

VERSE FOR THE WEEK

	MONDAY		TUESDAY		WEDNESDAY
	INTENTIONS		INTENTIONS		INTENTIONS
5:30		5:30		5:30	
6:00		6:00		6:00	
6:30		6:30		6:30	
7:00		7:00		7:00	
7:30		7:30		7:30	
8:00		8:00		8:00	
8:30		8:30		8:30	
9:00		9:00		9:00	
9:30		9:30		9:30	
10:00		10:00		10:00	
10:30		10:30		10:30	
11:00		11:00		11:00	
11:30		11:30		11:30	
	LET GOD LEAD		MY WORDS MATTER		SHOW GOD'S LOVE
12:00		12:00		12:00	
12:30		12:30		12:30	
1:00		1:00		1:00	
1:30		1:30		1:30	
2:00		2:00		2:00	
2:30		2:30		2:30	
3:00		3:00		3:00	
3:30		3:30		3:30	
4:00		4:00		4:00	
4:30		4:30		4:30	
5:00		5:00		5:00	
5:30		5:30		5:30	
6:00		6:00		6:00	
6:30		6:30		6:30	
7:00		7:00		7:00	
7:30		7:30		7:30	
8:00		8:00		8:00	
8:30		8:30		8:30	
9:00		9:00		9:00	
9:30		9:30		9:30	
10:00		10:00		10:00	
10:30		10:30		10:30	
11:00		11:00		11:00	
11:30		11:30		11:30	
	WRITING PROGRESS		WRITING PROGRESS		WRITING PROGRESS
	GRATITUDES				

THURSDAY		FRIDAY		SATURDAY		SUNDAY	
INTENTIONS		INTENTIONS		INTENTIONS		INTENTIONS	
5:30		5:30		5:30		5:30	
6:00		6:00		6:00		6:00	
6:30		6:30		6:30		6:30	
7:00		7:00		7:00		7:00	
7:30		7:30		7:30		7:30	
8:00		8:00		8:00		8:00	
8:30		8:30		8:30		8:30	
9:00		9:00		9:00		9:00	
9:30		9:30		9:30		9:30	
10:00		10:00		10:00		10:00	
10:30		10:30		10:30		10:30	
11:00		11:00		11:00		11:00	
11:30		11:30		11:30		11:30	
	PRAY ALWAYS		TRUST & OBEY		WRITE HIS WORDS		REST IN HIM
12:00		12:00		12:00		12:00	
12:30		12:30		12:30		12:30	
1:00		1:00		1:00		1:00	
1:30		1:30		1:30		1:30	
2:00		2:00		2:00		2:00	
2:30		2:30		2:30		2:30	
3:00		3:00		3:00		3:00	
3:30		3:30		3:30		3:30	
4:00		4:00		4:00		4:00	
4:30		4:30		4:30		4:30	
5:00		5:00		5:00		5:00	
5:30		5:30		5:30		5:30	
6:00		6:00		6:00		6:00	
6:30		6:30		6:30		6:30	
7:00		7:00		7:00		7:00	
7:30		7:30		7:30		7:30	
8:00		8:00		8:00		8:00	
8:30		8:30		8:30		8:30	
9:00		9:00		9:00		9:00	
9:30		9:30		9:30		9:30	
10:00		10:00		10:00		10:00	
10:30		10:30		10:30		10:30	
11:00		11:00		11:00		11:00	
11:30		11:30		11:30		11:30	
	WRITING PROGRESS		WRITING PROGRESS		WRITING PROGRESS		WRITING PROGRESS

LOOKING AHEAD

Week Of

"Worry does not empty tomorrow of its sorrows; it empties today of its strength."
~Corrie Ten Boom

PRIORITY GOALS

TO DO

PRAYER REQUESTS

VERSE FOR THE WEEK

	MONDAY		TUESDAY		WEDNESDAY
	INTENTIONS		INTENTIONS		INTENTIONS
5:30		5:30		5:30	
6:00		6:00		6:00	
6:30		6:30		6:30	
7:00		7:00		7:00	
7:30		7:30		7:30	
8:00		8:00		8:00	
8:30		8:30		8:30	
9:00		9:00		9:00	
9:30		9:30		9:30	
10:00		10:00		10:00	
10:30		10:30		10:30	
11:00		11:00		11:00	
11:30		11:30		11:30	
	LET GOD LEAD		MY WORDS MATTER		SHOW GOD'S LOVE
12:00		12:00		12:00	
12:30		12:30		12:30	
1:00		1:00		1:00	
1:30		1:30		1:30	
2:00		2:00		2:00	
2:30		2:30		2:30	
3:00		3:00		3:00	
3:30		3:30		3:30	
4:00		4:00		4:00	
4:30		4:30		4:30	
5:00		5:00		5:00	
5:30		5:30		5:30	
6:00		6:00		6:00	
6:30		6:30		6:30	
7:00		7:00		7:00	
7:30		7:30		7:30	
8:00		8:00		8:00	
8:30		8:30		8:30	
9:00		9:00		9:00	
9:30		9:30		9:30	
10:00		10:00		10:00	
10:30		10:30		10:30	
11:00		11:00		11:00	
11:30		11:30		11:30	
	WRITING PROGRESS		WRITING PROGRESS		WRITING PROGRESS
	GRATITUDES				

THURSDAY		FRIDAY		SATURDAY		SUNDAY	
INTENTIONS		INTENTIONS		INTENTIONS		INTENTIONS	
5:30		5:30		5:30		5:30	
6:00		6:00		6:00		6:00	
6:30		6:30		6:30		6:30	
7:00		7:00		7:00		7:00	
7:30		7:30		7:30		7:30	
8:00		8:00		8:00		8:00	
8:30		8:30		8:30		8:30	
9:00		9:00		9:00		9:00	
9:30		9:30		9:30		9:30	
10:00		10:00		10:00		10:00	
10:30		10:30		10:30		10:30	
11:00		11:00		11:00		11:00	
11:30		11:30		11:30		11:30	
	PRAY ALWAYS		TRUST & OBEY		WRITE HIS WORDS		REST IN HIM
12:00		12:00		12:00		12:00	
12:30		12:30		12:30		12:30	
1:00		1:00		1:00		1:00	
1:30		1:30		1:30		1:30	
2:00		2:00		2:00		2:00	
2:30		2:30		2:30		2:30	
3:00		3:00		3:00		3:00	
3:30		3:30		3:30		3:30	
4:00		4:00		4:00		4:00	
4:30		4:30		4:30		4:30	
5:00		5:00		5:00		5:00	
5:30		5:30		5:30		5:30	
6:00		6:00		6:00		6:00	
6:30		6:30		6:30		6:30	
7:00		7:00		7:00		7:00	
7:30		7:30		7:30		7:30	
8:00		8:00		8:00		8:00	
8:30		8:30		8:30		8:30	
9:00		9:00		9:00		9:00	
9:30		9:30		9:30		9:30	
10:00		10:00		10:00		10:00	
10:30		10:30		10:30		10:30	
11:00		11:00		11:00		11:00	
11:30		11:30		11:30		11:30	
	WRITING PROGRESS		WRITING PROGRESS		WRITING PROGRESS		WRITING PROGRESS

LOOKING AHEAD

Week Of

God has begun a good work in you. Thank Him.

~Read Phil. 1:6

PRIORITY GOALS

TO DO

PRAYER REQUESTS

VERSE FOR THE WEEK

	MONDAY	TUESDAY	WEDNESDAY
	INTENTIONS	INTENTIONS	INTENTIONS
5:30			
6:00			
6:30			
7:00			
7:30			
8:00			
8:30			
9:00			
9:30			
10:00			
10:30			
11:00			
11:30			
	LET GOD LEAD	MY WORDS MATTER	SHOW GOD'S LOVE
12:00			
12:30			
1:00			
1:30			
2:00			
2:30			
3:00			
3:30			
4:00			
4:30			
5:00			
5:30			
6:00			
6:30			
7:00			
7:30			
8:00			
8:30			
9:00			
9:30			
10:00			
10:30			
11:00			
11:30			
	WRITING PROGRESS	WRITING PROGRESS	WRITING PROGRESS
	GRATITUDES		

THURSDAY	FRIDAY	SATURDAY	SUNDAY
INTENTIONS	INTENTIONS	INTENTIONS	INTENTIONS
5:30	5:30	5:30	5:30
6:00	6:00	6:00	6:00
6:30	6:30	6:30	6:30
7:00	7:00	7:00	7:00
7:30	7:30	7:30	7:30
8:00	8:00	8:00	8:00
8:30	8:30	8:30	8:30
9:00	9:00	9:00	9:00
9:30	9:30	9:30	9:30
10:00	10:00	10:00	10:00
10:30	10:30	10:30	10:30
11:00	11:00	11:00	11:00
11:30	11:30	11:30	11:30
PRAY ALWAYS	TRUST & OBEY	WRITE HIS WORDS	REST IN HIM
12:00	12:00	12:00	12:00
12:30	12:30	12:30	12:30
1:00	1:00	1:00	1:00
1:30	1:30	1:30	1:30
2:00	2:00	2:00	2:00
2:30	2:30	2:30	2:30
3:00	3:00	3:00	3:00
3:30	3:30	3:30	3:30
4:00	4:00	4:00	4:00
4:30	4:30	4:30	4:30
5:00	5:00	5:00	5:00
5:30	5:30	5:30	5:30
6:00	6:00	6:00	6:00
6:30	6:30	6:30	6:30
7:00	7:00	7:00	7:00
7:30	7:30	7:30	7:30
8:00	8:00	8:00	8:00
8:30	8:30	8:30	8:30
9:00	9:00	9:00	9:00
9:30	9:30	9:30	9:30
10:00	10:00	10:00	10:00
10:30	10:30	10:30	10:30
11:00	11:00	11:00	11:00
11:30	11:30	11:30	11:30
WRITING PROGRESS	WRITING PROGRESS	WRITING PROGRESS	WRITING PROGRESS

LOOKING AHEAD

Week Of

"God will meet you where you are . . . to take you where He wants you to go."

~Tony Evans

PRIORITY GOALS

TO DO

PRAYER REQUESTS

VERSE FOR THE WEEK

	MONDAY		TUESDAY		WEDNESDAY
	INTENTIONS		INTENTIONS		INTENTIONS
5:30		5:30		5:30	
6:00		6:00		6:00	
6:30		6:30		6:30	
7:00		7:00		7:00	
7:30		7:30		7:30	
8:00		8:00		8:00	
8:30		8:30		8:30	
9:00		9:00		9:00	
9:30		9:30		9:30	
10:00		10:00		10:00	
10:30		10:30		10:30	
11:00		11:00		11:00	
11:30		11:30		11:30	
	LET GOD LEAD		MY WORDS MATTER		SHOW GOD'S LOVE
12:00		12:00		12:00	
12:30		12:30		12:30	
1:00		1:00		1:00	
1:30		1:30		1:30	
2:00		2:00		2:00	
2:30		2:30		2:30	
3:00		3:00		3:00	
3:30		3:30		3:30	
4:00		4:00		4:00	
4:30		4:30		4:30	
5:00		5:00		5:00	
5:30		5:30		5:30	
6:00		6:00		6:00	
6:30		6:30		6:30	
7:00		7:00		7:00	
7:30		7:30		7:30	
8:00		8:00		8:00	
8:30		8:30		8:30	
9:00		9:00		9:00	
9:30		9:30		9:30	
10:00		10:00		10:00	
10:30		10:30		10:30	
11:00		11:00		11:00	
11:30		11:30		11:30	
	WRITING PROGRESS		WRITING PROGRESS		WRITING PROGRESS
	GRATITUDES				

THURSDAY	FRIDAY	SATURDAY	SUNDAY
INTENTIONS	INTENTIONS	INTENTIONS	INTENTIONS
5:30	5:30	5:30	5:30
6:00	6:00	6:00	6:00
6:30	6:30	6:30	6:30
7:00	7:00	7:00	7:00
7:30	7:30	7:30	7:30
8:00	8:00	8:00	8:00
8:30	8:30	8:30	8:30
9:00	9:00	9:00	9:00
9:30	9:30	9:30	9:30
10:00	10:00	10:00	10:00
10:30	10:30	10:30	10:30
11:00	11:00	11:00	11:00
11:30	11:30	11:30	11:30
PRAY ALWAYS	TRUST & OBEY	WRITE HIS WORDS	REST IN HIM
12:00	12:00	12:00	12:00
12:30	12:30	12:30	12:30
1:00	1:00	1:00	1:00
1:30	1:30	1:30	1:30
2:00	2:00	2:00	2:00
2:30	2:30	2:30	2:30
3:00	3:00	3:00	3:00
3:30	3:30	3:30	3:30
4:00	4:00	4:00	4:00
4:30	4:30	4:30	4:30
5:00	5:00	5:00	5:00
5:30	5:30	5:30	5:30
6:00	6:00	6:00	6:00
6:30	6:30	6:30	6:30
7:00	7:00	7:00	7:00
7:30	7:30	7:30	7:30
8:00	8:00	8:00	8:00
8:30	8:30	8:30	8:30
9:00	9:00	9:00	9:00
9:30	9:30	9:30	9:30
10:00	10:00	10:00	10:00
10:30	10:30	10:30	10:30
11:00	11:00	11:00	11:00
11:30	11:30	11:30	11:30
WRITING PROGRESS	WRITING PROGRESS	WRITING PROGRESS	WRITING PROGRESS

LOOKING AHEAD

Monthly Overview

What blessings am I grateful for this month?

Did I meet my writing and personal goals? Why or why not?

**Am I happy with how I spent my time?
If not, what changes will I make?**

ASK FOR GOD'S HELP TO FOCUS ON THE MOST IMPORTANT TASKS.

What lessons has God taught me this month?

What was my biggest time/ energy waster this month? How can I eliminate it? Or do I need God's help to accept it?

What have I been procrastinating on?

FIND A PLACE TO SCHEDULE IT NEXT MONTH

What goals do I feel God is calling me to meet next month?

This Month's Focus

Personal Projects

Writing Projects

Other

MONDAY	TUESDAY	WEDNESDAY

Bible Study Goals

 Social Media Goals

THURSDAY	FRIDAY	SATURDAY	SUNDAY

 Book Sales / Releases / Queries

Week Of

Fall back on God's strength this week.

~Read II Cor. 12:8–10

PRIORITY GOALS

TO DO

PRAYER REQUESTS

VERSE FOR THE WEEK

	MONDAY		TUESDAY		WEDNESDAY
	INTENTIONS		INTENTIONS		INTENTIONS
5:30		5:30		5:30	
6:00		6:00		6:00	
6:30		6:30		6:30	
7:00		7:00		7:00	
7:30		7:30		7:30	
8:00		8:00		8:00	
8:30		8:30		8:30	
9:00		9:00		9:00	
9:30		9:30		9:30	
10:00		10:00		10:00	
10:30		10:30		10:30	
11:00		11:00		11:00	
11:30		11:30		11:30	
	LET GOD LEAD		MY WORDS MATTER		SHOW GOD'S LOVE
12:00		12:00		12:00	
12:30		12:30		12:30	
1:00		1:00		1:00	
1:30		1:30		1:30	
2:00		2:00		2:00	
2:30		2:30		2:30	
3:00		3:00		3:00	
3:30		3:30		3:30	
4:00		4:00		4:00	
4:30		4:30		4:30	
5:00		5:00		5:00	
5:30		5:30		5:30	
6:00		6:00		6:00	
6:30		6:30		6:30	
7:00		7:00		7:00	
7:30		7:30		7:30	
8:00		8:00		8:00	
8:30		8:30		8:30	
9:00		9:00		9:00	
9:30		9:30		9:30	
10:00		10:00		10:00	
10:30		10:30		10:30	
11:00		11:00		11:00	
11:30		11:30		11:30	
	WRITING PROGRESS		WRITING PROGRESS		WRITING PROGRESS

GRATITUDES

THURSDAY		FRIDAY		SATURDAY		SUNDAY	
INTENTIONS		INTENTIONS		INTENTIONS		INTENTIONS	
5:30		5:30		5:30		5:30	
6:00		6:00		6:00		6:00	
6:30		6:30		6:30		6:30	
7:00		7:00		7:00		7:00	
7:30		7:30		7:30		7:30	
8:00		8:00		8:00		8:00	
8:30		8:30		8:30		8:30	
9:00		9:00		9:00		9:00	
9:30		9:30		9:30		9:30	
10:00		10:00		10:00		10:00	
10:30		10:30		10:30		10:30	
11:00		11:00		11:00		11:00	
11:30		11:30		11:30		11:30	
	PRAY ALWAYS		TRUST & OBEY		WRITE HIS WORDS		REST IN HIM
12:00		12:00		12:00		12:00	
12:30		12:30		12:30		12:30	
1:00		1:00		1:00		1:00	
1:30		1:30		1:30		1:30	
2:00		2:00		2:00		2:00	
2:30		2:30		2:30		2:30	
3:00		3:00		3:00		3:00	
3:30		3:30		3:30		3:30	
4:00		4:00		4:00		4:00	
4:30		4:30		4:30		4:30	
5:00		5:00		5:00		5:00	
5:30		5:30		5:30		5:30	
6:00		6:00		6:00		6:00	
6:30		6:30		6:30		6:30	
7:00		7:00		7:00		7:00	
7:30		7:30		7:30		7:30	
8:00		8:00		8:00		8:00	
8:30		8:30		8:30		8:30	
9:00		9:00		9:00		9:00	
9:30		9:30		9:30		9:30	
10:00		10:00		10:00		10:00	
10:30		10:30		10:30		10:30	
11:00		11:00		11:00		11:00	
11:30		11:30		11:30		11:30	
	WRITING PROGRESS		WRITING PROGRESS		WRITING PROGRESS		WRITING PROGRESS

LOOKING AHEAD

Week Of

"If God forgives us, we must forgive ourselves."

~C.S. Lewis

PRIORITY GOALS

TO DO

PRAYER REQUESTS

VERSE FOR THE WEEK

	MONDAY	TUESDAY	WEDNESDAY
	INTENTIONS	INTENTIONS	INTENTIONS
5:30			
6:00			
6:30			
7:00			
7:30			
8:00			
8:30			
9:00			
9:30			
10:00			
10:30			
11:00			
11:30			
	LET GOD LEAD	MY WORDS MATTER	SHOW GOD'S LOVE
12:00			
12:30			
1:00			
1:30			
2:00			
2:30			
3:00			
3:30			
4:00			
4:30			
5:00			
5:30			
6:00			
6:30			
7:00			
7:30			
8:00			
8:30			
9:00			
9:30			
10:00			
10:30			
11:00			
11:30			
	WRITING PROGRESS	WRITING PROGRESS	WRITING PROGRESS

GRATITUDES

THURSDAY		FRIDAY		SATURDAY		SUNDAY	
INTENTIONS		INTENTIONS		INTENTIONS		INTENTIONS	
5:30		5:30		5:30		5:30	
6:00		6:00		6:00		6:00	
6:30		6:30		6:30		6:30	
7:00		7:00		7:00		7:00	
7:30		7:30		7:30		7:30	
8:00		8:00		8:00		8:00	
8:30		8:30		8:30		8:30	
9:00		9:00		9:00		9:00	
9:30		9:30		9:30		9:30	
10:00		10:00		10:00		10:00	
10:30		10:30		10:30		10:30	
11:00		11:00		11:00		11:00	
11:30		11:30		11:30		11:30	
PRAY ALWAYS		TRUST & OBEY		WRITE HIS WORDS		REST IN HIM	
12:00		12:00		12:00		12:00	
12:30		12:30		12:30		12:30	
1:00		1:00		1:00		1:00	
1:30		1:30		1:30		1:30	
2:00		2:00		2:00		2:00	
2:30		2:30		2:30		2:30	
3:00		3:00		3:00		3:00	
3:30		3:30		3:30		3:30	
4:00		4:00		4:00		4:00	
4:30		4:30		4:30		4:30	
5:00		5:00		5:00		5:00	
5:30		5:30		5:30		5:30	
6:00		6:00		6:00		6:00	
6:30		6:30		6:30		6:30	
7:00		7:00		7:00		7:00	
7:30		7:30		7:30		7:30	
8:00		8:00		8:00		8:00	
8:30		8:30		8:30		8:30	
9:00		9:00		9:00		9:00	
9:30		9:30		9:30		9:30	
10:00		10:00		10:00		10:00	
10:30		10:30		10:30		10:30	
11:00		11:00		11:00		11:00	
11:30		11:30		11:30		11:30	
WRITING PROGRESS		WRITING PROGRESS		WRITING PROGRESS		WRITING PROGRESS	

LOOKING AHEAD

Week Of

God will supply your every need.

~Read Phil. 4:19

PRIORITY GOALS

TO DO

PRAYER REQUESTS

VERSE FOR THE WEEK

	MONDAY		TUESDAY		WEDNESDAY
	INTENTIONS		INTENTIONS		INTENTIONS
5:30		5:30		5:30	
6:00		6:00		6:00	
6:30		6:30		6:30	
7:00		7:00		7:00	
7:30		7:30		7:30	
8:00		8:00		8:00	
8:30		8:30		8:30	
9:00		9:00		9:00	
9:30		9:30		9:30	
10:00		10:00		10:00	
10:30		10:30		10:30	
11:00		11:00		11:00	
11:30		11:30		11:30	
	LET GOD LEAD		MY WORDS MATTER		SHOW GOD'S LOVE
12:00		12:00		12:00	
12:30		12:30		12:30	
1:00		1:00		1:00	
1:30		1:30		1:30	
2:00		2:00		2:00	
2:30		2:30		2:30	
3:00		3:00		3:00	
3:30		3:30		3:30	
4:00		4:00		4:00	
4:30		4:30		4:30	
5:00		5:00		5:00	
5:30		5:30		5:30	
6:00		6:00		6:00	
6:30		6:30		6:30	
7:00		7:00		7:00	
7:30		7:30		7:30	
8:00		8:00		8:00	
8:30		8:30		8:30	
9:00		9:00		9:00	
9:30		9:30		9:30	
10:00		10:00		10:00	
10:30		10:30		10:30	
11:00		11:00		11:00	
11:30		11:30		11:30	
	WRITING PROGRESS		WRITING PROGRESS		WRITING PROGRESS
	GRATITUDES				

THURSDAY		FRIDAY		SATURDAY		SUNDAY	
INTENTIONS		INTENTIONS		INTENTIONS		INTENTIONS	
5:30		5:30		5:30		5:30	
6:00		6:00		6:00		6:00	
6:30		6:30		6:30		6:30	
7:00		7:00		7:00		7:00	
7:30		7:30		7:30		7:30	
8:00		8:00		8:00		8:00	
8:30		8:30		8:30		8:30	
9:00		9:00		9:00		9:00	
9:30		9:30		9:30		9:30	
10:00		10:00		10:00		10:00	
10:30		10:30		10:30		10:30	
11:00		11:00		11:00		11:00	
11:30		11:30		11:30		11:30	
PRAY ALWAYS		TRUST & OBEY		WRITE HIS WORDS		REST IN HIM	
12:00		12:00		12:00		12:00	
12:30		12:30		12:30		12:30	
1:00		1:00		1:00		1:00	
1:30		1:30		1:30		1:30	
2:00		2:00		2:00		2:00	
2:30		2:30		2:30		2:30	
3:00		3:00		3:00		3:00	
3:30		3:30		3:30		3:30	
4:00		4:00		4:00		4:00	
4:30		4:30		4:30		4:30	
5:00		5:00		5:00		5:00	
5:30		5:30		5:30		5:30	
6:00		6:00		6:00		6:00	
6:30		6:30		6:30		6:30	
7:00		7:00		7:00		7:00	
7:30		7:30		7:30		7:30	
8:00		8:00		8:00		8:00	
8:30		8:30		8:30		8:30	
9:00		9:00		9:00		9:00	
9:30		9:30		9:30		9:30	
10:00		10:00		10:00		10:00	
10:30		10:30		10:30		10:30	
11:00		11:00		11:00		11:00	
11:30		11:30		11:30		11:30	
WRITING PROGRESS		WRITING PROGRESS		WRITING PROGRESS		WRITING PROGRESS	
LOOKING AHEAD							

Week Of

"Be faithful in small things because it is in them that your strength lies."

~Mother Teresa

PRIORITY GOALS

TO DO

PRAYER REQUESTS

VERSE FOR THE WEEK

	MONDAY	TUESDAY	WEDNESDAY
	INTENTIONS	INTENTIONS	INTENTIONS
5:30			
6:00			
6:30			
7:00			
7:30			
8:00			
8:30			
9:00			
9:30			
10:00			
10:30			
11:00			
11:30			
	LET GOD LEAD	MY WORDS MATTER	SHOW GOD'S LOVE
12:00			
12:30			
1:00			
1:30			
2:00			
2:30			
3:00			
3:30			
4:00			
4:30			
5:00			
5:30			
6:00			
6:30			
7:00			
7:30			
8:00			
8:30			
9:00			
9:30			
10:00			
10:30			
11:00			
11:30			
	WRITING PROGRESS	WRITING PROGRESS	WRITING PROGRESS

GRATITUDES

THURSDAY	FRIDAY	SATURDAY	SUNDAY
INTENTIONS	INTENTIONS	INTENTIONS	INTENTIONS
5:30	5:30	5:30	5:30
6:00	6:00	6:00	6:00
6:30	6:30	6:30	6:30
7:00	7:00	7:00	7:00
7:30	7:30	7:30	7:30
8:00	8:00	8:00	8:00
8:30	8:30	8:30	8:30
9:00	9:00	9:00	9:00
9:30	9:30	9:30	9:30
10:00	10:00	10:00	10:00
10:30	10:30	10:30	10:30
11:00	11:00	11:00	11:00
11:30	11:30	11:30	11:30
PRAY ALWAYS	TRUST & OBEY	WRITE HIS WORDS	REST IN HIM
12:00	12:00	12:00	12:00
12:30	12:30	12:30	12:30
1:00	1:00	1:00	1:00
1:30	1:30	1:30	1:30
2:00	2:00	2:00	2:00
2:30	2:30	2:30	2:30
3:00	3:00	3:00	3:00
3:30	3:30	3:30	3:30
4:00	4:00	4:00	4:00
4:30	4:30	4:30	4:30
5:00	5:00	5:00	5:00
5:30	5:30	5:30	5:30
6:00	6:00	6:00	6:00
6:30	6:30	6:30	6:30
7:00	7:00	7:00	7:00
7:30	7:30	7:30	7:30
8:00	8:00	8:00	8:00
8:30	8:30	8:30	8:30
9:00	9:00	9:00	9:00
9:30	9:30	9:30	9:30
10:00	10:00	10:00	10:00
10:30	10:30	10:30	10:30
11:00	11:00	11:00	11:00
11:30	11:30	11:30	11:30
WRITING PROGRESS	WRITING PROGRESS	WRITING PROGRESS	WRITING PROGRESS

LOOKING AHEAD

Monthly Overview

What blessings am I grateful for this month?

Did I meet my writing and personal goals? Why or why not?

Am I happy with how I spent my time? If not, what changes will I make?

ASK FOR GOD'S HELP TO FOCUS ON THE MOST IMPORTANT TASKS.

What lessons has God taught me this month?

What was my biggest time/ energy waster this month?
How can I eliminate it? Or do I need God's help to accept it?

What have I been procrastinating on?

FIND A PLACE TO SCHEDULE IT NEXT MONTH

What goals do I feel God is calling me to meet next month?

This Month's Focus

Personal Projects

Writing Projects

Other

MONDAY	TUESDAY	WEDNESDAY

 Bible Study Goals

 Social Media Goals

THURSDAY	FRIDAY	SATURDAY	SUNDAY

 Book Sales / Releases / Queries

Week Of

It's never too late to start.

~Read Joel 2:12–13

PRIORITY GOALS

TO DO

PRAYER REQUESTS

VERSE FOR THE WEEK

	MONDAY		TUESDAY		WEDNESDAY
	INTENTIONS		INTENTIONS		INTENTIONS
5:30		5:30		5:30	
6:00		6:00		6:00	
6:30		6:30		6:30	
7:00		7:00		7:00	
7:30		7:30		7:30	
8:00		8:00		8:00	
8:30		8:30		8:30	
9:00		9:00		9:00	
9:30		9:30		9:30	
10:00		10:00		10:00	
10:30		10:30		10:30	
11:00		11:00		11:00	
11:30		11:30		11:30	
	LET GOD LEAD		MY WORDS MATTER		SHOW GOD'S LOVE
12:00		12:00		12:00	
12:30		12:30		12:30	
1:00		1:00		1:00	
1:30		1:30		1:30	
2:00		2:00		2:00	
2:30		2:30		2:30	
3:00		3:00		3:00	
3:30		3:30		3:30	
4:00		4:00		4:00	
4:30		4:30		4:30	
5:00		5:00		5:00	
5:30		5:30		5:30	
6:00		6:00		6:00	
6:30		6:30		6:30	
7:00		7:00		7:00	
7:30		7:30		7:30	
8:00		8:00		8:00	
8:30		8:30		8:30	
9:00		9:00		9:00	
9:30		9:30		9:30	
10:00		10:00		10:00	
10:30		10:30		10:30	
11:00		11:00		11:00	
11:30		11:30		11:30	
	WRITING PROGRESS		WRITING PROGRESS		WRITING PROGRESS
	GRATITUDES				

THURSDAY		FRIDAY		SATURDAY		SUNDAY	
INTENTIONS		INTENTIONS		INTENTIONS		INTENTIONS	
5:30		5:30		5:30		5:30	
6:00		6:00		6:00		6:00	
6:30		6:30		6:30		6:30	
7:00		7:00		7:00		7:00	
7:30		7:30		7:30		7:30	
8:00		8:00		8:00		8:00	
8:30		8:30		8:30		8:30	
9:00		9:00		9:00		9:00	
9:30		9:30		9:30		9:30	
10:00		10:00		10:00		10:00	
10:30		10:30		10:30		10:30	
11:00		11:00		11:00		11:00	
11:30		11:30		11:30		11:30	
	PRAY ALWAYS		TRUST & OBEY		WRITE HIS WORDS		REST IN HIM
12:00		12:00		12:00		12:00	
12:30		12:30		12:30		12:30	
1:00		1:00		1:00		1:00	
1:30		1:30		1:30		1:30	
2:00		2:00		2:00		2:00	
2:30		2:30		2:30		2:30	
3:00		3:00		3:00		3:00	
3:30		3:30		3:30		3:30	
4:00		4:00		4:00		4:00	
4:30		4:30		4:30		4:30	
5:00		5:00		5:00		5:00	
5:30		5:30		5:30		5:30	
6:00		6:00		6:00		6:00	
6:30		6:30		6:30		6:30	
7:00		7:00		7:00		7:00	
7:30		7:30		7:30		7:30	
8:00		8:00		8:00		8:00	
8:30		8:30		8:30		8:30	
9:00		9:00		9:00		9:00	
9:30		9:30		9:30		9:30	
10:00		10:00		10:00		10:00	
10:30		10:30		10:30		10:30	
11:00		11:00		11:00		11:00	
11:30		11:30		11:30		11:30	
	WRITING PROGRESS		WRITING PROGRESS		WRITING PROGRESS		WRITING PROGRESS

LOOKING AHEAD

Week Of

"Don't shine so others can see you. Shine so that through you others can see Him."

~C.S. Lewis

PRIORITY GOALS

TO DO

PRAYER REQUESTS

VERSE FOR THE WEEK

	MONDAY		TUESDAY		WEDNESDAY
	INTENTIONS		INTENTIONS		INTENTIONS
5:30		5:30		5:30	
6:00		6:00		6:00	
6:30		6:30		6:30	
7:00		7:00		7:00	
7:30		7:30		7:30	
8:00		8:00		8:00	
8:30		8:30		8:30	
9:00		9:00		9:00	
9:30		9:30		9:30	
10:00		10:00		10:00	
10:30		10:30		10:30	
11:00		11:00		11:00	
11:30		11:30		11:30	
	LET GOD LEAD		MY WORDS MATTER		SHOW GOD'S LOVE
12:00		12:00		12:00	
12:30		12:30		12:30	
1:00		1:00		1:00	
1:30		1:30		1:30	
2:00		2:00		2:00	
2:30		2:30		2:30	
3:00		3:00		3:00	
3:30		3:30		3:30	
4:00		4:00		4:00	
4:30		4:30		4:30	
5:00		5:00		5:00	
5:30		5:30		5:30	
6:00		6:00		6:00	
6:30		6:30		6:30	
7:00		7:00		7:00	
7:30		7:30		7:30	
8:00		8:00		8:00	
8:30		8:30		8:30	
9:00		9:00		9:00	
9:30		9:30		9:30	
10:00		10:00		10:00	
10:30		10:30		10:30	
11:00		11:00		11:00	
11:30		11:30		11:30	
	WRITING PROGRESS		WRITING PROGRESS		WRITING PROGRESS
	GRATITUDES				

THURSDAY	FRIDAY	SATURDAY	SUNDAY
INTENTIONS	INTENTIONS	INTENTIONS	INTENTIONS
5:30	5:30	5:30	5:30
6:00	6:00	6:00	6:00
6:30	6:30	6:30	6:30
7:00	7:00	7:00	7:00
7:30	7:30	7:30	7:30
8:00	8:00	8:00	8:00
8:30	8:30	8:30	8:30
9:00	9:00	9:00	9:00
9:30	9:30	9:30	9:30
10:00	10:00	10:00	10:00
10:30	10:30	10:30	10:30
11:00	11:00	11:00	11:00
11:30	11:30	11:30	11:30
PRAY ALWAYS	TRUST & OBEY	WRITE HIS WORDS	REST IN HIM
12:00	12:00	12:00	12:00
12:30	12:30	12:30	12:30
1:00	1:00	1:00	1:00
1:30	1:30	1:30	1:30
2:00	2:00	2:00	2:00
2:30	2:30	2:30	2:30
3:00	3:00	3:00	3:00
3:30	3:30	3:30	3:30
4:00	4:00	4:00	4:00
4:30	4:30	4:30	4:30
5:00	5:00	5:00	5:00
5:30	5:30	5:30	5:30
6:00	6:00	6:00	6:00
6:30	6:30	6:30	6:30
7:00	7:00	7:00	7:00
7:30	7:30	7:30	7:30
8:00	8:00	8:00	8:00
8:30	8:30	8:30	8:30
9:00	9:00	9:00	9:00
9:30	9:30	9:30	9:30
10:00	10:00	10:00	10:00
10:30	10:30	10:30	10:30
11:00	11:00	11:00	11:00
11:30	11:30	11:30	11:30
WRITING PROGRESS	WRITING PROGRESS	WRITING PROGRESS	WRITING PROGRESS

LOOKING AHEAD

Week Of

God always has a perfect plan. Trust Him.

~Read Jer. 29:11

PRIORITY GOALS

TO DO

PRAYER REQUESTS

VERSE FOR THE WEEK

	MONDAY		TUESDAY		WEDNESDAY
	INTENTIONS		INTENTIONS		INTENTIONS
5:30		5:30		5:30	
6:00		6:00		6:00	
6:30		6:30		6:30	
7:00		7:00		7:00	
7:30		7:30		7:30	
8:00		8:00		8:00	
8:30		8:30		8:30	
9:00		9:00		9:00	
9:30		9:30		9:30	
10:00		10:00		10:00	
10:30		10:30		10:30	
11:00		11:00		11:00	
11:30		11:30		11:30	
	LET GOD LEAD		MY WORDS MATTER		SHOW GOD'S LOVE
12:00		12:00		12:00	
12:30		12:30		12:30	
1:00		1:00		1:00	
1:30		1:30		1:30	
2:00		2:00		2:00	
2:30		2:30		2:30	
3:00		3:00		3:00	
3:30		3:30		3:30	
4:00		4:00		4:00	
4:30		4:30		4:30	
5:00		5:00		5:00	
5:30		5:30		5:30	
6:00		6:00		6:00	
6:30		6:30		6:30	
7:00		7:00		7:00	
7:30		7:30		7:30	
8:00		8:00		8:00	
8:30		8:30		8:30	
9:00		9:00		9:00	
9:30		9:30		9:30	
10:00		10:00		10:00	
10:30		10:30		10:30	
11:00		11:00		11:00	
11:30		11:30		11:30	
	WRITING PROGRESS		WRITING PROGRESS		WRITING PROGRESS

GRATITUDES

THURSDAY	FRIDAY	SATURDAY	SUNDAY
INTENTIONS	INTENTIONS	INTENTIONS	INTENTIONS
5:30	5:30	5:30	5:30
6:00	6:00	6:00	6:00
6:30	6:30	6:30	6:30
7:00	7:00	7:00	7:00
7:30	7:30	7:30	7:30
8:00	8:00	8:00	8:00
8:30	8:30	8:30	8:30
9:00	9:00	9:00	9:00
9:30	9:30	9:30	9:30
10:00	10:00	10:00	10:00
10:30	10:30	10:30	10:30
11:00	11:00	11:00	11:00
11:30	11:30	11:30	11:30
PRAY ALWAYS	TRUST & OBEY	WRITE HIS WORDS	REST IN HIM
12:00	12:00	12:00	12:00
12:30	12:30	12:30	12:30
1:00	1:00	1:00	1:00
1:30	1:30	1:30	1:30
2:00	2:00	2:00	2:00
2:30	2:30	2:30	2:30
3:00	3:00	3:00	3:00
3:30	3:30	3:30	3:30
4:00	4:00	4:00	4:00
4:30	4:30	4:30	4:30
5:00	5:00	5:00	5:00
5:30	5:30	5:30	5:30
6:00	6:00	6:00	6:00
6:30	6:30	6:30	6:30
7:00	7:00	7:00	7:00
7:30	7:30	7:30	7:30
8:00	8:00	8:00	8:00
8:30	8:30	8:30	8:30
9:00	9:00	9:00	9:00
9:30	9:30	9:30	9:30
10:00	10:00	10:00	10:00
10:30	10:30	10:30	10:30
11:00	11:00	11:00	11:00
11:30	11:30	11:30	11:30
WRITING PROGRESS	WRITING PROGRESS	WRITING PROGRESS	WRITING PROGRESS

LOOKING AHEAD

Week Of

"God is most glorified in us when we are most satisfied in Him."

~John Piper

PRIORITY GOALS

TO DO

PRAYER REQUESTS

VERSE FOR THE WEEK

	MONDAY		TUESDAY		WEDNESDAY
	INTENTIONS		INTENTIONS		INTENTIONS
5:30		5:30		5:30	
6:00		6:00		6:00	
6:30		6:30		6:30	
7:00		7:00		7:00	
7:30		7:30		7:30	
8:00		8:00		8:00	
8:30		8:30		8:30	
9:00		9:00		9:00	
9:30		9:30		9:30	
10:00		10:00		10:00	
10:30		10:30		10:30	
11:00		11:00		11:00	
11:30		11:30		11:30	
	LET GOD LEAD		MY WORDS MATTER		SHOW GOD'S LOVE
12:00		12:00		12:00	
12:30		12:30		12:30	
1:00		1:00		1:00	
1:30		1:30		1:30	
2:00		2:00		2:00	
2:30		2:30		2:30	
3:00		3:00		3:00	
3:30		3:30		3:30	
4:00		4:00		4:00	
4:30		4:30		4:30	
5:00		5:00		5:00	
5:30		5:30		5:30	
6:00		6:00		6:00	
6:30		6:30		6:30	
7:00		7:00		7:00	
7:30		7:30		7:30	
8:00		8:00		8:00	
8:30		8:30		8:30	
9:00		9:00		9:00	
9:30		9:30		9:30	
10:00		10:00		10:00	
10:30		10:30		10:30	
11:00		11:00		11:00	
11:30		11:30		11:30	
	WRITING PROGRESS		WRITING PROGRESS		WRITING PROGRESS
	GRATITUDES				

THURSDAY		FRIDAY		SATURDAY		SUNDAY	
INTENTIONS		INTENTIONS		INTENTIONS		INTENTIONS	
5:30		5:30		5:30		5:30	
6:00		6:00		6:00		6:00	
6:30		6:30		6:30		6:30	
7:00		7:00		7:00		7:00	
7:30		7:30		7:30		7:30	
8:00		8:00		8:00		8:00	
8:30		8:30		8:30		8:30	
9:00		9:00		9:00		9:00	
9:30		9:30		9:30		9:30	
10:00		10:00		10:00		10:00	
10:30		10:30		10:30		10:30	
11:00		11:00		11:00		11:00	
11:30		11:30		11:30		11:30	
	PRAY ALWAYS		TRUST & OBEY		WRITE HIS WORDS		REST IN HIM
12:00		12:00		12:00		12:00	
12:30		12:30		12:30		12:30	
1:00		1:00		1:00		1:00	
1:30		1:30		1:30		1:30	
2:00		2:00		2:00		2:00	
2:30		2:30		2:30		2:30	
3:00		3:00		3:00		3:00	
3:30		3:30		3:30		3:30	
4:00		4:00		4:00		4:00	
4:30		4:30		4:30		4:30	
5:00		5:00		5:00		5:00	
5:30		5:30		5:30		5:30	
6:00		6:00		6:00		6:00	
6:30		6:30		6:30		6:30	
7:00		7:00		7:00		7:00	
7:30		7:30		7:30		7:30	
8:00		8:00		8:00		8:00	
8:30		8:30		8:30		8:30	
9:00		9:00		9:00		9:00	
9:30		9:30		9:30		9:30	
10:00		10:00		10:00		10:00	
10:30		10:30		10:30		10:30	
11:00		11:00		11:00		11:00	
11:30		11:30		11:30		11:30	
	WRITING PROGRESS		WRITING PROGRESS		WRITING PROGRESS		WRITING PROGRESS
LOOKING AHEAD							

Week Of

"We are the Bibles the world is reading."

~Billy Graham

PRIORITY GOALS

TO DO

PRAYER REQUESTS

VERSE FOR THE WEEK

	MONDAY	TUESDAY	WEDNESDAY
	INTENTIONS	INTENTIONS	INTENTIONS
5:30			
6:00			
6:30			
7:00			
7:30			
8:00			
8:30			
9:00			
9:30			
10:00			
10:30			
11:00			
11:30			
	LET GOD LEAD	MY WORDS MATTER	SHOW GOD'S LOVE
12:00			
12:30			
1:00			
1:30			
2:00			
2:30			
3:00			
3:30			
4:00			
4:30			
5:00			
5:30			
6:00			
6:30			
7:00			
7:30			
8:00			
8:30			
9:00			
9:30			
10:00			
10:30			
11:00			
11:30			
	WRITING PROGRESS	WRITING PROGRESS	WRITING PROGRESS

GRATITUDES

THURSDAY	FRIDAY	SATURDAY	SUNDAY
INTENTIONS	INTENTIONS	INTENTIONS	INTENTIONS
5:30	5:30	5:30	5:30
6:00	6:00	6:00	6:00
6:30	6:30	6:30	6:30
7:00	7:00	7:00	7:00
7:30	7:30	7:30	7:30
8:00	8:00	8:00	8:00
8:30	8:30	8:30	8:30
9:00	9:00	9:00	9:00
9:30	9:30	9:30	9:30
10:00	10:00	10:00	10:00
10:30	10:30	10:30	10:30
11:00	11:00	11:00	11:00
11:30	11:30	11:30	11:30
PRAY ALWAYS	TRUST & OBEY	WRITE HIS WORDS	REST IN HIM
12:00	12:00	12:00	12:00
12:30	12:30	12:30	12:30
1:00	1:00	1:00	1:00
1:30	1:30	1:30	1:30
2:00	2:00	2:00	2:00
2:30	2:30	2:30	2:30
3:00	3:00	3:00	3:00
3:30	3:30	3:30	3:30
4:00	4:00	4:00	4:00
4:30	4:30	4:30	4:30
5:00	5:00	5:00	5:00
5:30	5:30	5:30	5:30
6:00	6:00	6:00	6:00
6:30	6:30	6:30	6:30
7:00	7:00	7:00	7:00
7:30	7:30	7:30	7:30
8:00	8:00	8:00	8:00
8:30	8:30	8:30	8:30
9:00	9:00	9:00	9:00
9:30	9:30	9:30	9:30
10:00	10:00	10:00	10:00
10:30	10:30	10:30	10:30
11:00	11:00	11:00	11:00
11:30	11:30	11:30	11:30
WRITING PROGRESS	WRITING PROGRESS	WRITING PROGRESS	WRITING PROGRESS

LOOKING AHEAD

Quarterly Overview

Am I still on target with my yearly goals?
Or has God led me on a new path?

What kept me from meeting my goals this quarter?

With God's help, what can I do to eliminate these obstacles?

What changes is God calling me to make next quarter?

ADD THESE TO YOUR PRAYER LIST

How did my work and activities reflect the yearly word I chose?

What do I feel God wants me to do next quarter?

What three steps can I take next quarter to meet these goals?

ADD ONE STEP TO EACH MONTHLY GOAL LIST

MONDAY	TUESDAY	WEDNESDAY

This Month's Focus

Personal Projects

Writing Projects

Other

Bible Study Goals

 Social Media Goals

THURSDAY	FRIDAY	SATURDAY	SUNDAY

 Book Sales / Releases / Queries

Week Of

May my words be worthy of a book.

~Read Job 19:23

PRIORITY GOALS

TO DO

PRAYER REQUESTS

VERSE FOR THE WEEK

MONDAY	TUESDAY	WEDNESDAY
INTENTIONS	INTENTIONS	INTENTIONS

Time	Monday	Time	Tuesday	Time	Wednesday
5:30		5:30		5:30	
6:00		6:00		6:00	
6:30		6:30		6:30	
7:00		7:00		7:00	
7:30		7:30		7:30	
8:00		8:00		8:00	
8:30		8:30		8:30	
9:00		9:00		9:00	
9:30		9:30		9:30	
10:00		10:00		10:00	
10:30		10:30		10:30	
11:00		11:00		11:00	
11:30		11:30		11:30	
	LET GOD LEAD		**MY WORDS MATTER**		**SHOW GOD'S LOVE**
12:00		12:00		12:00	
12:30		12:30		12:30	
1:00		1:00		1:00	
1:30		1:30		1:30	
2:00		2:00		2:00	
2:30		2:30		2:30	
3:00		3:00		3:00	
3:30		3:30		3:30	
4:00		4:00		4:00	
4:30		4:30		4:30	
5:00		5:00		5:00	
5:30		5:30		5:30	
6:00		6:00		6:00	
6:30		6:30		6:30	
7:00		7:00		7:00	
7:30		7:30		7:30	
8:00		8:00		8:00	
8:30		8:30		8:30	
9:00		9:00		9:00	
9:30		9:30		9:30	
10:00		10:00		10:00	
10:30		10:30		10:30	
11:00		11:00		11:00	
11:30		11:30		11:30	
	WRITING PROGRESS		**WRITING PROGRESS**		**WRITING PROGRESS**

GRATITUDES

THURSDAY	FRIDAY	SATURDAY	SUNDAY
INTENTIONS	INTENTIONS	INTENTIONS	INTENTIONS
5:30	5:30	5:30	5:30
6:00	6:00	6:00	6:00
6:30	6:30	6:30	6:30
7:00	7:00	7:00	7:00
7:30	7:30	7:30	7:30
8:00	8:00	8:00	8:00
8:30	8:30	8:30	8:30
9:00	9:00	9:00	9:00
9:30	9:30	9:30	9:30
10:00	10:00	10:00	10:00
10:30	10:30	10:30	10:30
11:00	11:00	11:00	11:00
11:30	11:30	11:30	11:30
PRAY ALWAYS	TRUST & OBEY	WRITE HIS WORDS	REST IN HIM
12:00	12:00	12:00	12:00
12:30	12:30	12:30	12:30
1:00	1:00	1:00	1:00
1:30	1:30	1:30	1:30
2:00	2:00	2:00	2:00
2:30	2:30	2:30	2:30
3:00	3:00	3:00	3:00
3:30	3:30	3:30	3:30
4:00	4:00	4:00	4:00
4:30	4:30	4:30	4:30
5:00	5:00	5:00	5:00
5:30	5:30	5:30	5:30
6:00	6:00	6:00	6:00
6:30	6:30	6:30	6:30
7:00	7:00	7:00	7:00
7:30	7:30	7:30	7:30
8:00	8:00	8:00	8:00
8:30	8:30	8:30	8:30
9:00	9:00	9:00	9:00
9:30	9:30	9:30	9:30
10:00	10:00	10:00	10:00
10:30	10:30	10:30	10:30
11:00	11:00	11:00	11:00
11:30	11:30	11:30	11:30
WRITING PROGRESS	WRITING PROGRESS	WRITING PROGRESS	WRITING PROGRESS

LOOKING AHEAD

Week Of

"God loves each of us as if there were only one of us."
~Augustine

PRIORITY GOALS

TO DO

PRAYER REQUESTS

VERSE FOR THE WEEK

	MONDAY		TUESDAY		WEDNESDAY
	INTENTIONS		INTENTIONS		INTENTIONS
5:30		5:30		5:30	
6:00		6:00		6:00	
6:30		6:30		6:30	
7:00		7:00		7:00	
7:30		7:30		7:30	
8:00		8:00		8:00	
8:30		8:30		8:30	
9:00		9:00		9:00	
9:30		9:30		9:30	
10:00		10:00		10:00	
10:30		10:30		10:30	
11:00		11:00		11:00	
11:30		11:30		11:30	
	LET GOD LEAD		MY WORDS MATTER		SHOW GOD'S LOVE
12:00		12:00		12:00	
12:30		12:30		12:30	
1:00		1:00		1:00	
1:30		1:30		1:30	
2:00		2:00		2:00	
2:30		2:30		2:30	
3:00		3:00		3:00	
3:30		3:30		3:30	
4:00		4:00		4:00	
4:30		4:30		4:30	
5:00		5:00		5:00	
5:30		5:30		5:30	
6:00		6:00		6:00	
6:30		6:30		6:30	
7:00		7:00		7:00	
7:30		7:30		7:30	
8:00		8:00		8:00	
8:30		8:30		8:30	
9:00		9:00		9:00	
9:30		9:30		9:30	
10:00		10:00		10:00	
10:30		10:30		10:30	
11:00		11:00		11:00	
11:30		11:30		11:30	
	WRITING PROGRESS		WRITING PROGRESS		WRITING PROGRESS
	GRATITUDES				

THURSDAY		FRIDAY		SATURDAY		SUNDAY	
INTENTIONS		INTENTIONS		INTENTIONS		INTENTIONS	
5:30		5:30		5:30		5:30	
6:00		6:00		6:00		6:00	
6:30		6:30		6:30		6:30	
7:00		7:00		7:00		7:00	
7:30		7:30		7:30		7:30	
8:00		8:00		8:00		8:00	
8:30		8:30		8:30		8:30	
9:00		9:00		9:00		9:00	
9:30		9:30		9:30		9:30	
10:00		10:00		10:00		10:00	
10:30		10:30		10:30		10:30	
11:00		11:00		11:00		11:00	
11:30		11:30		11:30		11:30	
	PRAY ALWAYS		TRUST & OBEY		WRITE HIS WORDS		REST IN HIM
12:00		12:00		12:00		12:00	
12:30		12:30		12:30		12:30	
1:00		1:00		1:00		1:00	
1:30		1:30		1:30		1:30	
2:00		2:00		2:00		2:00	
2:30		2:30		2:30		2:30	
3:00		3:00		3:00		3:00	
3:30		3:30		3:30		3:30	
4:00		4:00		4:00		4:00	
4:30		4:30		4:30		4:30	
5:00		5:00		5:00		5:00	
5:30		5:30		5:30		5:30	
6:00		6:00		6:00		6:00	
6:30		6:30		6:30		6:30	
7:00		7:00		7:00		7:00	
7:30		7:30		7:30		7:30	
8:00		8:00		8:00		8:00	
8:30		8:30		8:30		8:30	
9:00		9:00		9:00		9:00	
9:30		9:30		9:30		9:30	
10:00		10:00		10:00		10:00	
10:30		10:30		10:30		10:30	
11:00		11:00		11:00		11:00	
11:30		11:30		11:30		11:30	
	WRITING PROGRESS		WRITING PROGRESS		WRITING PROGRESS		WRITING PROGRESS

LOOKING AHEAD

Week Of

Soar on the wings of eagles today.

~Read Isaiah 40:31

PRIORITY GOALS

TO DO

PRAYER REQUESTS

VERSE FOR THE WEEK

	MONDAY	TUESDAY	WEDNESDAY
	INTENTIONS	INTENTIONS	INTENTIONS
5:30			
6:00			
6:30			
7:00			
7:30			
8:00			
8:30			
9:00			
9:30			
10:00			
10:30			
11:00			
11:30			
	LET GOD LEAD	MY WORDS MATTER	SHOW GOD'S LOVE
12:00			
12:30			
1:00			
1:30			
2:00			
2:30			
3:00			
3:30			
4:00			
4:30			
5:00			
5:30			
6:00			
6:30			
7:00			
7:30			
8:00			
8:30			
9:00			
9:30			
10:00			
10:30			
11:00			
11:30			
	WRITING PROGRESS	WRITING PROGRESS	WRITING PROGRESS

GRATITUDES

THURSDAY		FRIDAY		SATURDAY		SUNDAY	
INTENTIONS		INTENTIONS		INTENTIONS		INTENTIONS	
5:30		5:30		5:30		5:30	
6:00		6:00		6:00		6:00	
6:30		6:30		6:30		6:30	
7:00		7:00		7:00		7:00	
7:30		7:30		7:30		7:30	
8:00		8:00		8:00		8:00	
8:30		8:30		8:30		8:30	
9:00		9:00		9:00		9:00	
9:30		9:30		9:30		9:30	
10:00		10:00		10:00		10:00	
10:30		10:30		10:30		10:30	
11:00		11:00		11:00		11:00	
11:30		11:30		11:30		11:30	
PRAY ALWAYS		TRUST & OBEY		WRITE HIS WORDS		REST IN HIM	
12:00		12:00		12:00		12:00	
12:30		12:30		12:30		12:30	
1:00		1:00		1:00		1:00	
1:30		1:30		1:30		1:30	
2:00		2:00		2:00		2:00	
2:30		2:30		2:30		2:30	
3:00		3:00		3:00		3:00	
3:30		3:30		3:30		3:30	
4:00		4:00		4:00		4:00	
4:30		4:30		4:30		4:30	
5:00		5:00		5:00		5:00	
5:30		5:30		5:30		5:30	
6:00		6:00		6:00		6:00	
6:30		6:30		6:30		6:30	
7:00		7:00		7:00		7:00	
7:30		7:30		7:30		7:30	
8:00		8:00		8:00		8:00	
8:30		8:30		8:30		8:30	
9:00		9:00		9:00		9:00	
9:30		9:30		9:30		9:30	
10:00		10:00		10:00		10:00	
10:30		10:30		10:30		10:30	
11:00		11:00		11:00		11:00	
11:30		11:30		11:30		11:30	
WRITING PROGRESS		WRITING PROGRESS		WRITING PROGRESS		WRITING PROGRESS	

LOOKING AHEAD

Week Of

"Let God's promises shine on your problems."
~Corrie ten Boom

PRIORITY GOALS

TO DO

PRAYER REQUESTS

VERSE FOR THE WEEK

	MONDAY	TUESDAY	WEDNESDAY
	INTENTIONS	INTENTIONS	INTENTIONS
5:30			
6:00			
6:30			
7:00			
7:30			
8:00			
8:30			
9:00			
9:30			
10:00			
10:30			
11:00			
11:30			
	LET GOD LEAD	MY WORDS MATTER	SHOW GOD'S LOVE
12:00			
12:30			
1:00			
1:30			
2:00			
2:30			
3:00			
3:30			
4:00			
4:30			
5:00			
5:30			
6:00			
6:30			
7:00			
7:30			
8:00			
8:30			
9:00			
9:30			
10:00			
10:30			
11:00			
11:30			
	WRITING PROGRESS	WRITING PROGRESS	WRITING PROGRESS
	GRATITUDES		

THURSDAY		FRIDAY		SATURDAY		SUNDAY	
INTENTIONS		INTENTIONS		INTENTIONS		INTENTIONS	
5:30		5:30		5:30		5:30	
6:00		6:00		6:00		6:00	
6:30		6:30		6:30		6:30	
7:00		7:00		7:00		7:00	
7:30		7:30		7:30		7:30	
8:00		8:00		8:00		8:00	
8:30		8:30		8:30		8:30	
9:00		9:00		9:00		9:00	
9:30		9:30		9:30		9:30	
10:00		10:00		10:00		10:00	
10:30		10:30		10:30		10:30	
11:00		11:00		11:00		11:00	
11:30		11:30		11:30		11:30	
	PRAY ALWAYS		TRUST & OBEY		WRITE HIS WORDS		REST IN HIM
12:00		12:00		12:00		12:00	
12:30		12:30		12:30		12:30	
1:00		1:00		1:00		1:00	
1:30		1:30		1:30		1:30	
2:00		2:00		2:00		2:00	
2:30		2:30		2:30		2:30	
3:00		3:00		3:00		3:00	
3:30		3:30		3:30		3:30	
4:00		4:00		4:00		4:00	
4:30		4:30		4:30		4:30	
5:00		5:00		5:00		5:00	
5:30		5:30		5:30		5:30	
6:00		6:00		6:00		6:00	
6:30		6:30		6:30		6:30	
7:00		7:00		7:00		7:00	
7:30		7:30		7:30		7:30	
8:00		8:00		8:00		8:00	
8:30		8:30		8:30		8:30	
9:00		9:00		9:00		9:00	
9:30		9:30		9:30		9:30	
10:00		10:00		10:00		10:00	
10:30		10:30		10:30		10:30	
11:00		11:00		11:00		11:00	
11:30		11:30		11:30		11:30	
	WRITING PROGRESS		WRITING PROGRESS		WRITING PROGRESS		WRITING PROGRESS

LOOKING AHEAD

Monthly Overview

What blessings am I grateful for this month?

Did I meet my writing and personal goals? Why or why not?

Am I happy with how I spent my time? If not, what changes will I make?

ASK FOR GOD'S HELP TO FOCUS ON THE MOST IMPORTANT TASKS.

What lessons has God taught me this month?

**What was my biggest time/ energy waster this month?
How can I eliminate it? Or do I need God's help to accept it?**

What have I been procrastinating on?

FIND A PLACE TO SCHEDULE IT NEXT MONTH

What goals do I feel God is calling me to meet next month?

MONDAY	TUESDAY	WEDNESDAY

This Month's Focus

Personal Projects

Writing Projects

Other

Bible Study Goals

Social Media Goals

THURSDAY	FRIDAY	SATURDAY	SUNDAY

 Book Sales / Releases / Queries

Week Of

All things are possible if we only believe.

~Read Mark 9:23

PRIORITY GOALS

TO DO

PRAYER REQUESTS

VERSE FOR THE WEEK

	MONDAY	TUESDAY	WEDNESDAY
	INTENTIONS	INTENTIONS	INTENTIONS
5:30			
6:00			
6:30			
7:00			
7:30			
8:00			
8:30			
9:00			
9:30			
10:00			
10:30			
11:00			
11:30			
	LET GOD LEAD	MY WORDS MATTER	SHOW GOD'S LOVE
12:00			
12:30			
1:00			
1:30			
2:00			
2:30			
3:00			
3:30			
4:00			
4:30			
5:00			
5:30			
6:00			
6:30			
7:00			
7:30			
8:00			
8:30			
9:00			
9:30			
10:00			
10:30			
11:00			
11:30			
	WRITING PROGRESS	WRITING PROGRESS	WRITING PROGRESS
	GRATITUDES		

THURSDAY		FRIDAY		SATURDAY		SUNDAY	
INTENTIONS		INTENTIONS		INTENTIONS		INTENTIONS	
5:30		5:30		5:30		5:30	
6:00		6:00		6:00		6:00	
6:30		6:30		6:30		6:30	
7:00		7:00		7:00		7:00	
7:30		7:30		7:30		7:30	
8:00		8:00		8:00		8:00	
8:30		8:30		8:30		8:30	
9:00		9:00		9:00		9:00	
9:30		9:30		9:30		9:30	
10:00		10:00		10:00		10:00	
10:30		10:30		10:30		10:30	
11:00		11:00		11:00		11:00	
11:30		11:30		11:30		11:30	
	PRAY ALWAYS		TRUST & OBEY		WRITE HIS WORDS		REST IN HIM
12:00		12:00		12:00		12:00	
12:30		12:30		12:30		12:30	
1:00		1:00		1:00		1:00	
1:30		1:30		1:30		1:30	
2:00		2:00		2:00		2:00	
2:30		2:30		2:30		2:30	
3:00		3:00		3:00		3:00	
3:30		3:30		3:30		3:30	
4:00		4:00		4:00		4:00	
4:30		4:30		4:30		4:30	
5:00		5:00		5:00		5:00	
5:30		5:30		5:30		5:30	
6:00		6:00		6:00		6:00	
6:30		6:30		6:30		6:30	
7:00		7:00		7:00		7:00	
7:30		7:30		7:30		7:30	
8:00		8:00		8:00		8:00	
8:30		8:30		8:30		8:30	
9:00		9:00		9:00		9:00	
9:30		9:30		9:30		9:30	
10:00		10:00		10:00		10:00	
10:30		10:30		10:30		10:30	
11:00		11:00		11:00		11:00	
11:30		11:30		11:30		11:30	
	WRITING PROGRESS		WRITING PROGRESS		WRITING PROGRESS		WRITING PROGRESS

LOOKING AHEAD

Week Of

"God's work done in God's way will never lack God's supplies."

~Hudson Taylor

PRIORITY GOALS

TO DO

PRAYER REQUESTS

VERSE FOR THE WEEK

	MONDAY	TUESDAY	WEDNESDAY
	INTENTIONS	INTENTIONS	INTENTIONS
5:30			
6:00			
6:30			
7:00			
7:30			
8:00			
8:30			
9:00			
9:30			
10:00			
10:30			
11:00			
11:30			
	LET GOD LEAD	MY WORDS MATTER	SHOW GOD'S LOVE
12:00			
12:30			
1:00			
1:30			
2:00			
2:30			
3:00			
3:30			
4:00			
4:30			
5:00			
5:30			
6:00			
6:30			
7:00			
7:30			
8:00			
8:30			
9:00			
9:30			
10:00			
10:30			
11:00			
11:30			
	WRITING PROGRESS	WRITING PROGRESS	WRITING PROGRESS

GRATITUDES

THURSDAY		FRIDAY		SATURDAY		SUNDAY	
INTENTIONS		INTENTIONS		INTENTIONS		INTENTIONS	
5:30		5:30		5:30		5:30	
6:00		6:00		6:00		6:00	
6:30		6:30		6:30		6:30	
7:00		7:00		7:00		7:00	
7:30		7:30		7:30		7:30	
8:00		8:00		8:00		8:00	
8:30		8:30		8:30		8:30	
9:00		9:00		9:00		9:00	
9:30		9:30		9:30		9:30	
10:00		10:00		10:00		10:00	
10:30		10:30		10:30		10:30	
11:00		11:00		11:00		11:00	
11:30		11:30		11:30		11:30	
	PRAY ALWAYS		TRUST & OBEY		WRITE HIS WORDS		REST IN HIM
12:00		12:00		12:00		12:00	
12:30		12:30		12:30		12:30	
1:00		1:00		1:00		1:00	
1:30		1:30		1:30		1:30	
2:00		2:00		2:00		2:00	
2:30		2:30		2:30		2:30	
3:00		3:00		3:00		3:00	
3:30		3:30		3:30		3:30	
4:00		4:00		4:00		4:00	
4:30		4:30		4:30		4:30	
5:00		5:00		5:00		5:00	
5:30		5:30		5:30		5:30	
6:00		6:00		6:00		6:00	
6:30		6:30		6:30		6:30	
7:00		7:00		7:00		7:00	
7:30		7:30		7:30		7:30	
8:00		8:00		8:00		8:00	
8:30		8:30		8:30		8:30	
9:00		9:00		9:00		9:00	
9:30		9:30		9:30		9:30	
10:00		10:00		10:00		10:00	
10:30		10:30		10:30		10:30	
11:00		11:00		11:00		11:00	
11:30		11:30		11:30		11:30	
	WRITING PROGRESS		WRITING PROGRESS		WRITING PROGRESS		WRITING PROGRESS

LOOKING AHEAD

Week Of

"You are a child of the Almighty God. Live that truth."

~Lysa Terkeurst

Write that truth.

PRIORITY GOALS

TO DO

PRAYER REQUESTS

VERSE FOR THE WEEK

	MONDAY	TUESDAY	WEDNESDAY
	INTENTIONS	INTENTIONS	INTENTIONS
5:30			
6:00			
6:30			
7:00			
7:30			
8:00			
8:30			
9:00			
9:30			
10:00			
10:30			
11:00			
11:30			
	LET GOD LEAD	MY WORDS MATTER	SHOW GOD'S LOVE
12:00			
12:30			
1:00			
1:30			
2:00			
2:30			
3:00			
3:30			
4:00			
4:30			
5:00			
5:30			
6:00			
6:30			
7:00			
7:30			
8:00			
8:30			
9:00			
9:30			
10:00			
10:30			
11:00			
11:30			
	WRITING PROGRESS	WRITING PROGRESS	WRITING PROGRESS
	GRATITUDES		

THURSDAY		FRIDAY		SATURDAY		SUNDAY	
INTENTIONS		INTENTIONS		INTENTIONS		INTENTIONS	
5:30		5:30		5:30		5:30	
6:00		6:00		6:00		6:00	
6:30		6:30		6:30		6:30	
7:00		7:00		7:00		7:00	
7:30		7:30		7:30		7:30	
8:00		8:00		8:00		8:00	
8:30		8:30		8:30		8:30	
9:00		9:00		9:00		9:00	
9:30		9:30		9:30		9:30	
10:00		10:00		10:00		10:00	
10:30		10:30		10:30		10:30	
11:00		11:00		11:00		11:00	
11:30		11:30		11:30		11:30	
	PRAY ALWAYS		TRUST & OBEY		WRITE HIS WORDS		REST IN HIM
12:00		12:00		12:00		12:00	
12:30		12:30		12:30		12:30	
1:00		1:00		1:00		1:00	
1:30		1:30		1:30		1:30	
2:00		2:00		2:00		2:00	
2:30		2:30		2:30		2:30	
3:00		3:00		3:00		3:00	
3:30		3:30		3:30		3:30	
4:00		4:00		4:00		4:00	
4:30		4:30		4:30		4:30	
5:00		5:00		5:00		5:00	
5:30		5:30		5:30		5:30	
6:00		6:00		6:00		6:00	
6:30		6:30		6:30		6:30	
7:00		7:00		7:00		7:00	
7:30		7:30		7:30		7:30	
8:00		8:00		8:00		8:00	
8:30		8:30		8:30		8:30	
9:00		9:00		9:00		9:00	
9:30		9:30		9:30		9:30	
10:00		10:00		10:00		10:00	
10:30		10:30		10:30		10:30	
11:00		11:00		11:00		11:00	
11:30		11:30		11:30		11:30	
WRITING PROGRESS		WRITING PROGRESS		WRITING PROGRESS		WRITING PROGRESS	

LOOKING AHEAD

Week Of

*Pray more
and
worry less.*

~Read I Thes. 5:16–18

PRIORITY GOALS

TO DO

PRAYER REQUESTS

VERSE FOR THE WEEK

	MONDAY		TUESDAY		WEDNESDAY
	INTENTIONS		INTENTIONS		INTENTIONS
5:30		5:30		5:30	
6:00		6:00		6:00	
6:30		6:30		6:30	
7:00		7:00		7:00	
7:30		7:30		7:30	
8:00		8:00		8:00	
8:30		8:30		8:30	
9:00		9:00		9:00	
9:30		9:30		9:30	
10:00		10:00		10:00	
10:30		10:30		10:30	
11:00		11:00		11:00	
11:30		11:30		11:30	
	LET GOD LEAD		MY WORDS MATTER		SHOW GOD'S LOVE
12:00		12:00		12:00	
12:30		12:30		12:30	
1:00		1:00		1:00	
1:30		1:30		1:30	
2:00		2:00		2:00	
2:30		2:30		2:30	
3:00		3:00		3:00	
3:30		3:30		3:30	
4:00		4:00		4:00	
4:30		4:30		4:30	
5:00		5:00		5:00	
5:30		5:30		5:30	
6:00		6:00		6:00	
6:30		6:30		6:30	
7:00		7:00		7:00	
7:30		7:30		7:30	
8:00		8:00		8:00	
8:30		8:30		8:30	
9:00		9:00		9:00	
9:30		9:30		9:30	
10:00		10:00		10:00	
10:30		10:30		10:30	
11:00		11:00		11:00	
11:30		11:30		11:30	
	WRITING PROGRESS		WRITING PROGRESS		WRITING PROGRESS
	GRATITUDES				

THURSDAY		FRIDAY		SATURDAY		SUNDAY	
INTENTIONS		INTENTIONS		INTENTIONS		INTENTIONS	
5:30		5:30		5:30		5:30	
6:00		6:00		6:00		6:00	
6:30		6:30		6:30		6:30	
7:00		7:00		7:00		7:00	
7:30		7:30		7:30		7:30	
8:00		8:00		8:00		8:00	
8:30		8:30		8:30		8:30	
9:00		9:00		9:00		9:00	
9:30		9:30		9:30		9:30	
10:00		10:00		10:00		10:00	
10:30		10:30		10:30		10:30	
11:00		11:00		11:00		11:00	
11:30		11:30		11:30		11:30	
	PRAY ALWAYS		TRUST & OBEY		WRITE HIS WORDS		REST IN HIM
12:00		12:00		12:00		12:00	
12:30		12:30		12:30		12:30	
1:00		1:00		1:00		1:00	
1:30		1:30		1:30		1:30	
2:00		2:00		2:00		2:00	
2:30		2:30		2:30		2:30	
3:00		3:00		3:00		3:00	
3:30		3:30		3:30		3:30	
4:00		4:00		4:00		4:00	
4:30		4:30		4:30		4:30	
5:00		5:00		5:00		5:00	
5:30		5:30		5:30		5:30	
6:00		6:00		6:00		6:00	
6:30		6:30		6:30		6:30	
7:00		7:00		7:00		7:00	
7:30		7:30		7:30		7:30	
8:00		8:00		8:00		8:00	
8:30		8:30		8:30		8:30	
9:00		9:00		9:00		9:00	
9:30		9:30		9:30		9:30	
10:00		10:00		10:00		10:00	
10:30		10:30		10:30		10:30	
11:00		11:00		11:00		11:00	
11:30		11:30		11:30		11:30	
	WRITING PROGRESS		WRITING PROGRESS		WRITING PROGRESS		WRITING PROGRESS

LOOKING AHEAD

Monthly Overview

What blessings am I grateful for this month?

Did I meet my writing and personal goals? Why or why not?

Am I happy with how I spent my time?
If not, what changes will I make?

ASK FOR GOD'S HELP TO FOCUS ON THE MOST IMPORTANT TASKS.

What lessons has God taught me this month?

What was my biggest time/ energy waster this month?
How can I eliminate it? Or do I need God's help to accept it?

What have I been procrastinating on?

FIND A PLACE TO SCHEDULE IT NEXT MONTH

What goals do I feel God is calling me to meet next month?

MONDAY	TUESDAY	WEDNESDAY

This Month's Focus

Personal Projects

Writing Projects

Other

Bible Study Goals

 Social Media Goals

THURSDAY	FRIDAY	SATURDAY	SUNDAY

 Book Sales / Releases / Queries

Week Of

"Take the limits off yourself. You will never rise higher than your thinking. Create a great vision for your life."

~Joel Osteen

PRIORITY GOALS

TO DO

PRAYER REQUESTS

VERSE FOR THE WEEK

	MONDAY INTENTIONS	TUESDAY INTENTIONS	WEDNESDAY INTENTIONS
5:30			
6:00			
6:30			
7:00			
7:30			
8:00			
8:30			
9:00			
9:30			
10:00			
10:30			
11:00			
11:30			
	LET GOD LEAD	MY WORDS MATTER	SHOW GOD'S LOVE
12:00			
12:30			
1:00			
1:30			
2:00			
2:30			
3:00			
3:30			
4:00			
4:30			
5:00			
5:30			
6:00			
6:30			
7:00			
7:30			
8:00			
8:30			
9:00			
9:30			
10:00			
10:30			
11:00			
11:30			
	WRITING PROGRESS	WRITING PROGRESS	WRITING PROGRESS
	GRATITUDES		

THURSDAY	FRIDAY	SATURDAY	SUNDAY
INTENTIONS	INTENTIONS	INTENTIONS	INTENTIONS
5:30	5:30	5:30	5:30
6:00	6:00	6:00	6:00
6:30	6:30	6:30	6:30
7:00	7:00	7:00	7:00
7:30	7:30	7:30	7:30
8:00	8:00	8:00	8:00
8:30	8:30	8:30	8:30
9:00	9:00	9:00	9:00
9:30	9:30	9:30	9:30
10:00	10:00	10:00	10:00
10:30	10:30	10:30	10:30
11:00	11:00	11:00	11:00
11:30	11:30	11:30	11:30
PRAY ALWAYS	TRUST & OBEY	WRITE HIS WORDS	REST IN HIM
12:00	12:00	12:00	12:00
12:30	12:30	12:30	12:30
1:00	1:00	1:00	1:00
1:30	1:30	1:30	1:30
2:00	2:00	2:00	2:00
2:30	2:30	2:30	2:30
3:00	3:00	3:00	3:00
3:30	3:30	3:30	3:30
4:00	4:00	4:00	4:00
4:30	4:30	4:30	4:30
5:00	5:00	5:00	5:00
5:30	5:30	5:30	5:30
6:00	6:00	6:00	6:00
6:30	6:30	6:30	6:30
7:00	7:00	7:00	7:00
7:30	7:30	7:30	7:30
8:00	8:00	8:00	8:00
8:30	8:30	8:30	8:30
9:00	9:00	9:00	9:00
9:30	9:30	9:30	9:30
10:00	10:00	10:00	10:00
10:30	10:30	10:30	10:30
11:00	11:00	11:00	11:00
11:30	11:30	11:30	11:30
WRITING PROGRESS	WRITING PROGRESS	WRITING PROGRESS	WRITING PROGRESS

LOOKING AHEAD

Week Of

Take God at His Word, and take the next step.

PRIORITY GOALS

TO DO

PRAYER REQUESTS

VERSE FOR THE WEEK

	MONDAY	TUESDAY	WEDNESDAY
	INTENTIONS	INTENTIONS	INTENTIONS
5:30			
6:00			
6:30			
7:00			
7:30			
8:00			
8:30			
9:00			
9:30			
10:00			
10:30			
11:00			
11:30			
	LET GOD LEAD	MY WORDS MATTER	SHOW GOD'S LOVE
12:00			
12:30			
1:00			
1:30			
2:00			
2:30			
3:00			
3:30			
4:00			
4:30			
5:00			
5:30			
6:00			
6:30			
7:00			
7:30			
8:00			
8:30			
9:00			
9:30			
10:00			
10:30			
11:00			
11:30			
	WRITING PROGRESS	WRITING PROGRESS	WRITING PROGRESS

GRATITUDES

THURSDAY INTENTIONS		FRIDAY INTENTIONS		SATURDAY INTENTIONS		SUNDAY INTENTIONS	
5:30		5:30		5:30		5:30	
6:00		6:00		6:00		6:00	
6:30		6:30		6:30		6:30	
7:00		7:00		7:00		7:00	
7:30		7:30		7:30		7:30	
8:00		8:00		8:00		8:00	
8:30		8:30		8:30		8:30	
9:00		9:00		9:00		9:00	
9:30		9:30		9:30		9:30	
10:00		10:00		10:00		10:00	
10:30		10:30		10:30		10:30	
11:00		11:00		11:00		11:00	
11:30		11:30		11:30		11:30	
PRAY ALWAYS		TRUST & OBEY		WRITE HIS WORDS		REST IN HIM	
12:00		12:00		12:00		12:00	
12:30		12:30		12:30		12:30	
1:00		1:00		1:00		1:00	
1:30		1:30		1:30		1:30	
2:00		2:00		2:00		2:00	
2:30		2:30		2:30		2:30	
3:00		3:00		3:00		3:00	
3:30		3:30		3:30		3:30	
4:00		4:00		4:00		4:00	
4:30		4:30		4:30		4:30	
5:00		5:00		5:00		5:00	
5:30		5:30		5:30		5:30	
6:00		6:00		6:00		6:00	
6:30		6:30		6:30		6:30	
7:00		7:00		7:00		7:00	
7:30		7:30		7:30		7:30	
8:00		8:00		8:00		8:00	
8:30		8:30		8:30		8:30	
9:00		9:00		9:00		9:00	
9:30		9:30		9:30		9:30	
10:00		10:00		10:00		10:00	
10:30		10:30		10:30		10:30	
11:00		11:00		11:00		11:00	
11:30		11:30		11:30		11:30	
WRITING PROGRESS		WRITING PROGRESS		WRITING PROGRESS		WRITING PROGRESS	

LOOKING AHEAD

Week Of

Write with all your heart. Remember, you're doing it for God.

~Read Col. 3:23

PRIORITY GOALS

TO DO

PRAYER REQUESTS

VERSE FOR THE WEEK

	MONDAY	TUESDAY	WEDNESDAY
	INTENTIONS	INTENTIONS	INTENTIONS
5:30			
6:00			
6:30			
7:00			
7:30			
8:00			
8:30			
9:00			
9:30			
10:00			
10:30			
11:00			
11:30			
	LET GOD LEAD	MY WORDS MATTER	SHOW GOD'S LOVE
12:00			
12:30			
1:00			
1:30			
2:00			
2:30			
3:00			
3:30			
4:00			
4:30			
5:00			
5:30			
6:00			
6:30			
7:00			
7:30			
8:00			
8:30			
9:00			
9:30			
10:00			
10:30			
11:00			
11:30			
	WRITING PROGRESS	WRITING PROGRESS	WRITING PROGRESS
	GRATITUDES		

THURSDAY		FRIDAY		SATURDAY		SUNDAY	
INTENTIONS		INTENTIONS		INTENTIONS		INTENTIONS	
5:30		5:30		5:30		5:30	
6:00		6:00		6:00		6:00	
6:30		6:30		6:30		6:30	
7:00		7:00		7:00		7:00	
7:30		7:30		7:30		7:30	
8:00		8:00		8:00		8:00	
8:30		8:30		8:30		8:30	
9:00		9:00		9:00		9:00	
9:30		9:30		9:30		9:30	
10:00		10:00		10:00		10:00	
10:30		10:30		10:30		10:30	
11:00		11:00		11:00		11:00	
11:30		11:30		11:30		11:30	
PRAY ALWAYS		TRUST & OBEY		WRITE HIS WORDS		REST IN HIM	
12:00		12:00		12:00		12:00	
12:30		12:30		12:30		12:30	
1:00		1:00		1:00		1:00	
1:30		1:30		1:30		1:30	
2:00		2:00		2:00		2:00	
2:30		2:30		2:30		2:30	
3:00		3:00		3:00		3:00	
3:30		3:30		3:30		3:30	
4:00		4:00		4:00		4:00	
4:30		4:30		4:30		4:30	
5:00		5:00		5:00		5:00	
5:30		5:30		5:30		5:30	
6:00		6:00		6:00		6:00	
6:30		6:30		6:30		6:30	
7:00		7:00		7:00		7:00	
7:30		7:30		7:30		7:30	
8:00		8:00		8:00		8:00	
8:30		8:30		8:30		8:30	
9:00		9:00		9:00		9:00	
9:30		9:30		9:30		9:30	
10:00		10:00		10:00		10:00	
10:30		10:30		10:30		10:30	
11:00		11:00		11:00		11:00	
11:30		11:30		11:30		11:30	
WRITING PROGRESS		WRITING PROGRESS		WRITING PROGRESS		WRITING PROGRESS	

LOOKING AHEAD

Week Of

"We are all faced with a series of great opportunities brilliantly disguised as impossible situations."

~Chuck Swindoll

PRIORITY GOALS

TO DO

PRAYER REQUESTS

VERSE FOR THE WEEK

	MONDAY		TUESDAY		WEDNESDAY
	INTENTIONS		INTENTIONS		INTENTIONS
5:30		5:30		5:30	
6:00		6:00		6:00	
6:30		6:30		6:30	
7:00		7:00		7:00	
7:30		7:30		7:30	
8:00		8:00		8:00	
8:30		8:30		8:30	
9:00		9:00		9:00	
9:30		9:30		9:30	
10:00		10:00		10:00	
10:30		10:30		10:30	
11:00		11:00		11:00	
11:30		11:30		11:30	
	LET GOD LEAD		MY WORDS MATTER		SHOW GOD'S LOVE
12:00		12:00		12:00	
12:30		12:30		12:30	
1:00		1:00		1:00	
1:30		1:30		1:30	
2:00		2:00		2:00	
2:30		2:30		2:30	
3:00		3:00		3:00	
3:30		3:30		3:30	
4:00		4:00		4:00	
4:30		4:30		4:30	
5:00		5:00		5:00	
5:30		5:30		5:30	
6:00		6:00		6:00	
6:30		6:30		6:30	
7:00		7:00		7:00	
7:30		7:30		7:30	
8:00		8:00		8:00	
8:30		8:30		8:30	
9:00		9:00		9:00	
9:30		9:30		9:30	
10:00		10:00		10:00	
10:30		10:30		10:30	
11:00		11:00		11:00	
11:30		11:30		11:30	
	WRITING PROGRESS		WRITING PROGRESS		WRITING PROGRESS

GRATITUDES

THURSDAY	FRIDAY	SATURDAY	SUNDAY
INTENTIONS	INTENTIONS	INTENTIONS	INTENTIONS
5:30	5:30	5:30	5:30
6:00	6:00	6:00	6:00
6:30	6:30	6:30	6:30
7:00	7:00	7:00	7:00
7:30	7:30	7:30	7:30
8:00	8:00	8:00	8:00
8:30	8:30	8:30	8:30
9:00	9:00	9:00	9:00
9:30	9:30	9:30	9:30
10:00	10:00	10:00	10:00
10:30	10:30	10:30	10:30
11:00	11:00	11:00	11:00
11:30	11:30	11:30	11:30
PRAY ALWAYS	TRUST & OBEY	WRITE HIS WORDS	REST IN HIM
12:00	12:00	12:00	12:00
12:30	12:30	12:30	12:30
1:00	1:00	1:00	1:00
1:30	1:30	1:30	1:30
2:00	2:00	2:00	2:00
2:30	2:30	2:30	2:30
3:00	3:00	3:00	3:00
3:30	3:30	3:30	3:30
4:00	4:00	4:00	4:00
4:30	4:30	4:30	4:30
5:00	5:00	5:00	5:00
5:30	5:30	5:30	5:30
6:00	6:00	6:00	6:00
6:30	6:30	6:30	6:30
7:00	7:00	7:00	7:00
7:30	7:30	7:30	7:30
8:00	8:00	8:00	8:00
8:30	8:30	8:30	8:30
9:00	9:00	9:00	9:00
9:30	9:30	9:30	9:30
10:00	10:00	10:00	10:00
10:30	10:30	10:30	10:30
11:00	11:00	11:00	11:00
11:30	11:30	11:30	11:30
WRITING PROGRESS	WRITING PROGRESS	WRITING PROGRESS	WRITING PROGRESS

LOOKING AHEAD

Week Of

May God's love be perfected in me.

~Read 1 John 4:10–12

PRIORITY GOALS

TO DO

PRAYER REQUESTS

VERSE FOR THE WEEK

	MONDAY	TUESDAY	WEDNESDAY
	INTENTIONS	INTENTIONS	INTENTIONS
5:30			
6:00			
6:30			
7:00			
7:30			
8:00			
8:30			
9:00			
9:30			
10:00			
10:30			
11:00			
11:30			
	LET GOD LEAD	MY WORDS MATTER	SHOW GOD'S LOVE
12:00			
12:30			
1:00			
1:30			
2:00			
2:30			
3:00			
3:30			
4:00			
4:30			
5:00			
5:30			
6:00			
6:30			
7:00			
7:30			
8:00			
8:30			
9:00			
9:30			
10:00			
10:30			
11:00			
11:30			
	WRITING PROGRESS	WRITING PROGRESS	WRITING PROGRESS

GRATITUDES

THURSDAY		FRIDAY		SATURDAY		SUNDAY	
INTENTIONS		INTENTIONS		INTENTIONS		INTENTIONS	
5:30		5:30		5:30		5:30	
6:00		6:00		6:00		6:00	
6:30		6:30		6:30		6:30	
7:00		7:00		7:00		7:00	
7:30		7:30		7:30		7:30	
8:00		8:00		8:00		8:00	
8:30		8:30		8:30		8:30	
9:00		9:00		9:00		9:00	
9:30		9:30		9:30		9:30	
10:00		10:00		10:00		10:00	
10:30		10:30		10:30		10:30	
11:00		11:00		11:00		11:00	
11:30		11:30		11:30		11:30	
PRAY ALWAYS		TRUST & OBEY		WRITE HIS WORDS		REST IN HIM	
12:00		12:00		12:00		12:00	
12:30		12:30		12:30		12:30	
1:00		1:00		1:00		1:00	
1:30		1:30		1:30		1:30	
2:00		2:00		2:00		2:00	
2:30		2:30		2:30		2:30	
3:00		3:00		3:00		3:00	
3:30		3:30		3:30		3:30	
4:00		4:00		4:00		4:00	
4:30		4:30		4:30		4:30	
5:00		5:00		5:00		5:00	
5:30		5:30		5:30		5:30	
6:00		6:00		6:00		6:00	
6:30		6:30		6:30		6:30	
7:00		7:00		7:00		7:00	
7:30		7:30		7:30		7:30	
8:00		8:00		8:00		8:00	
8:30		8:30		8:30		8:30	
9:00		9:00		9:00		9:00	
9:30		9:30		9:30		9:30	
10:00		10:00		10:00		10:00	
10:30		10:30		10:30		10:30	
11:00		11:00		11:00		11:00	
11:30		11:30		11:30		11:30	
WRITING PROGRESS		WRITING PROGRESS		WRITING PROGRESS		WRITING PROGRESS	

LOOKING AHEAD

Quarterly Overview

Am I still on target with my yearly goals?
Or has God led me on a new path?

What kept me from meeting my goals this quarter?

With God's help, what can I do to eliminate these obstacles?

What changes is God calling me to make next quarter?

ADD THESE TO YOUR PRAYER LIST

How did my work and activities reflect the yearly word I chose?

What do I feel God wants me to do next quarter?

What three steps can I take next quarter to meet these goals?

ADD ONE STEP TO EACH MONTHLY GOAL LIST

This Month's Focus

Personal Projects

MONDAY	TUESDAY	WEDNESDAY

Writing Projects

Other

Bible Study Goals

Social Media Goals

THURSDAY	FRIDAY	SATURDAY	SUNDAY

Book Sales / Releases / Queries

Week Of

Don't lose heart.

~Read II Cor. 4:16–18

PRIORITY GOALS

TO DO

PRAYER REQUESTS

VERSE FOR THE WEEK

	MONDAY		TUESDAY		WEDNESDAY
	INTENTIONS		INTENTIONS		INTENTIONS
5:30		5:30		5:30	
6:00		6:00		6:00	
6:30		6:30		6:30	
7:00		7:00		7:00	
7:30		7:30		7:30	
8:00		8:00		8:00	
8:30		8:30		8:30	
9:00		9:00		9:00	
9:30		9:30		9:30	
10:00		10:00		10:00	
10:30		10:30		10:30	
11:00		11:00		11:00	
11:30		11:30		11:30	
	LET GOD LEAD		MY WORDS MATTER		SHOW GOD'S LOVE
12:00		12:00		12:00	
12:30		12:30		12:30	
1:00		1:00		1:00	
1:30		1:30		1:30	
2:00		2:00		2:00	
2:30		2:30		2:30	
3:00		3:00		3:00	
3:30		3:30		3:30	
4:00		4:00		4:00	
4:30		4:30		4:30	
5:00		5:00		5:00	
5:30		5:30		5:30	
6:00		6:00		6:00	
6:30		6:30		6:30	
7:00		7:00		7:00	
7:30		7:30		7:30	
8:00		8:00		8:00	
8:30		8:30		8:30	
9:00		9:00		9:00	
9:30		9:30		9:30	
10:00		10:00		10:00	
10:30		10:30		10:30	
11:00		11:00		11:00	
11:30		11:30		11:30	
	WRITING PROGRESS		WRITING PROGRESS		WRITING PROGRESS
	GRATITUDES				

THURSDAY		FRIDAY		SATURDAY		SUNDAY	
INTENTIONS		INTENTIONS		INTENTIONS		INTENTIONS	
5:30		5:30		5:30		5:30	
6:00		6:00		6:00		6:00	
6:30		6:30		6:30		6:30	
7:00		7:00		7:00		7:00	
7:30		7:30		7:30		7:30	
8:00		8:00		8:00		8:00	
8:30		8:30		8:30		8:30	
9:00		9:00		9:00		9:00	
9:30		9:30		9:30		9:30	
10:00		10:00		10:00		10:00	
10:30		10:30		10:30		10:30	
11:00		11:00		11:00		11:00	
11:30		11:30		11:30		11:30	
	PRAY ALWAYS		TRUST & OBEY		WRITE HIS WORDS		REST IN HIM
12:00		12:00		12:00		12:00	
12:30		12:30		12:30		12:30	
1:00		1:00		1:00		1:00	
1:30		1:30		1:30		1:30	
2:00		2:00		2:00		2:00	
2:30		2:30		2:30		2:30	
3:00		3:00		3:00		3:00	
3:30		3:30		3:30		3:30	
4:00		4:00		4:00		4:00	
4:30		4:30		4:30		4:30	
5:00		5:00		5:00		5:00	
5:30		5:30		5:30		5:30	
6:00		6:00		6:00		6:00	
6:30		6:30		6:30		6:30	
7:00		7:00		7:00		7:00	
7:30		7:30		7:30		7:30	
8:00		8:00		8:00		8:00	
8:30		8:30		8:30		8:30	
9:00		9:00		9:00		9:00	
9:30		9:30		9:30		9:30	
10:00		10:00		10:00		10:00	
10:30		10:30		10:30		10:30	
11:00		11:00		11:00		11:00	
11:30		11:30		11:30		11:30	
	WRITING PROGRESS		WRITING PROGRESS		WRITING PROGRESS		WRITING PROGRESS

LOOKING AHEAD

Week Of

"Your potential is the sum of all the possibilities God has for your life."

~Charles Stanley

PRIORITY GOALS

TO DO

PRAYER REQUESTS

VERSE FOR THE WEEK

	MONDAY		TUESDAY		WEDNESDAY
	INTENTIONS		INTENTIONS		INTENTIONS
5:30		5:30		5:30	
6:00		6:00		6:00	
6:30		6:30		6:30	
7:00		7:00		7:00	
7:30		7:30		7:30	
8:00		8:00		8:00	
8:30		8:30		8:30	
9:00		9:00		9:00	
9:30		9:30		9:30	
10:00		10:00		10:00	
10:30		10:30		10:30	
11:00		11:00		11:00	
11:30		11:30		11:30	
	LET GOD LEAD		MY WORDS MATTER		SHOW GOD'S LOVE
12:00		12:00		12:00	
12:30		12:30		12:30	
1:00		1:00		1:00	
1:30		1:30		1:30	
2:00		2:00		2:00	
2:30		2:30		2:30	
3:00		3:00		3:00	
3:30		3:30		3:30	
4:00		4:00		4:00	
4:30		4:30		4:30	
5:00		5:00		5:00	
5:30		5:30		5:30	
6:00		6:00		6:00	
6:30		6:30		6:30	
7:00		7:00		7:00	
7:30		7:30		7:30	
8:00		8:00		8:00	
8:30		8:30		8:30	
9:00		9:00		9:00	
9:30		9:30		9:30	
10:00		10:00		10:00	
10:30		10:30		10:30	
11:00		11:00		11:00	
11:30		11:30		11:30	
	WRITING PROGRESS		WRITING PROGRESS		WRITING PROGRESS
	GRATITUDES				

THURSDAY		FRIDAY		SATURDAY		SUNDAY	
INTENTIONS		INTENTIONS		INTENTIONS		INTENTIONS	
5:30		5:30		5:30		5:30	
6:00		6:00		6:00		6:00	
6:30		6:30		6:30		6:30	
7:00		7:00		7:00		7:00	
7:30		7:30		7:30		7:30	
8:00		8:00		8:00		8:00	
8:30		8:30		8:30		8:30	
9:00		9:00		9:00		9:00	
9:30		9:30		9:30		9:30	
10:00		10:00		10:00		10:00	
10:30		10:30		10:30		10:30	
11:00		11:00		11:00		11:00	
11:30		11:30		11:30		11:30	
	PRAY ALWAYS		TRUST & OBEY		WRITE HIS WORDS		REST IN HIM
12:00		12:00		12:00		12:00	
12:30		12:30		12:30		12:30	
1:00		1:00		1:00		1:00	
1:30		1:30		1:30		1:30	
2:00		2:00		2:00		2:00	
2:30		2:30		2:30		2:30	
3:00		3:00		3:00		3:00	
3:30		3:30		3:30		3:30	
4:00		4:00		4:00		4:00	
4:30		4:30		4:30		4:30	
5:00		5:00		5:00		5:00	
5:30		5:30		5:30		5:30	
6:00		6:00		6:00		6:00	
6:30		6:30		6:30		6:30	
7:00		7:00		7:00		7:00	
7:30		7:30		7:30		7:30	
8:00		8:00		8:00		8:00	
8:30		8:30		8:30		8:30	
9:00		9:00		9:00		9:00	
9:30		9:30		9:30		9:30	
10:00		10:00		10:00		10:00	
10:30		10:30		10:30		10:30	
11:00		11:00		11:00		11:00	
11:30		11:30		11:30		11:30	
WRITING PROGRESS		WRITING PROGRESS		WRITING PROGRESS		WRITING PROGRESS	

LOOKING AHEAD

Week Of

*God has promised
to give us the
desires of
our hearts.*

~Read Ps. 37:4

PRIORITY GOALS

TO DO

PRAYER REQUESTS

VERSE FOR THE WEEK

	MONDAY		TUESDAY		WEDNESDAY
	INTENTIONS		INTENTIONS		INTENTIONS
5:30		5:30		5:30	
6:00		6:00		6:00	
6:30		6:30		6:30	
7:00		7:00		7:00	
7:30		7:30		7:30	
8:00		8:00		8:00	
8:30		8:30		8:30	
9:00		9:00		9:00	
9:30		9:30		9:30	
10:00		10:00		10:00	
10:30		10:30		10:30	
11:00		11:00		11:00	
11:30		11:30		11:30	
	LET GOD LEAD		MY WORDS MATTER		SHOW GOD'S LOVE
12:00		12:00		12:00	
12:30		12:30		12:30	
1:00		1:00		1:00	
1:30		1:30		1:30	
2:00		2:00		2:00	
2:30		2:30		2:30	
3:00		3:00		3:00	
3:30		3:30		3:30	
4:00		4:00		4:00	
4:30		4:30		4:30	
5:00		5:00		5:00	
5:30		5:30		5:30	
6:00		6:00		6:00	
6:30		6:30		6:30	
7:00		7:00		7:00	
7:30		7:30		7:30	
8:00		8:00		8:00	
8:30		8:30		8:30	
9:00		9:00		9:00	
9:30		9:30		9:30	
10:00		10:00		10:00	
10:30		10:30		10:30	
11:00		11:00		11:00	
11:30		11:30		11:30	
	WRITING PROGRESS		WRITING PROGRESS		WRITING PROGRESS
	GRATITUDES				

THURSDAY		FRIDAY		SATURDAY		SUNDAY	
INTENTIONS		INTENTIONS		INTENTIONS		INTENTIONS	
5:30		5:30		5:30		5:30	
6:00		6:00		6:00		6:00	
6:30		6:30		6:30		6:30	
7:00		7:00		7:00		7:00	
7:30		7:30		7:30		7:30	
8:00		8:00		8:00		8:00	
8:30		8:30		8:30		8:30	
9:00		9:00		9:00		9:00	
9:30		9:30		9:30		9:30	
10:00		10:00		10:00		10:00	
10:30		10:30		10:30		10:30	
11:00		11:00		11:00		11:00	
11:30		11:30		11:30		11:30	
	PRAY ALWAYS		TRUST & OBEY		WRITE HIS WORDS		REST IN HIM
12:00		12:00		12:00		12:00	
12:30		12:30		12:30		12:30	
1:00		1:00		1:00		1:00	
1:30		1:30		1:30		1:30	
2:00		2:00		2:00		2:00	
2:30		2:30		2:30		2:30	
3:00		3:00		3:00		3:00	
3:30		3:30		3:30		3:30	
4:00		4:00		4:00		4:00	
4:30		4:30		4:30		4:30	
5:00		5:00		5:00		5:00	
5:30		5:30		5:30		5:30	
6:00		6:00		6:00		6:00	
6:30		6:30		6:30		6:30	
7:00		7:00		7:00		7:00	
7:30		7:30		7:30		7:30	
8:00		8:00		8:00		8:00	
8:30		8:30		8:30		8:30	
9:00		9:00		9:00		9:00	
9:30		9:30		9:30		9:30	
10:00		10:00		10:00		10:00	
10:30		10:30		10:30		10:30	
11:00		11:00		11:00		11:00	
11:30		11:30		11:30		11:30	
	WRITING PROGRESS		WRITING PROGRESS		WRITING PROGRESS		WRITING PROGRESS

LOOKING AHEAD

Week Of

Trust Him to lead you today.

~Read Prov. 3:5-6

PRIORITY GOALS

TO DO

PRAYER REQUESTS

VERSE FOR THE WEEK

	MONDAY	TUESDAY	WEDNESDAY
	INTENTIONS	INTENTIONS	INTENTIONS
5:30			
6:00			
6:30			
7:00			
7:30			
8:00			
8:30			
9:00			
9:30			
10:00			
10:30			
11:00			
11:30			
	LET GOD LEAD	MY WORDS MATTER	SHOW GOD'S LOVE
12:00			
12:30			
1:00			
1:30			
2:00			
2:30			
3:00			
3:30			
4:00			
4:30			
5:00			
5:30			
6:00			
6:30			
7:00			
7:30			
8:00			
8:30			
9:00			
9:30			
10:00			
10:30			
11:00			
11:30			
	WRITING PROGRESS	WRITING PROGRESS	WRITING PROGRESS

GRATITUDES

THURSDAY		FRIDAY		SATURDAY		SUNDAY	
INTENTIONS		INTENTIONS		INTENTIONS		INTENTIONS	
5:30		5:30		5:30		5:30	
6:00		6:00		6:00		6:00	
6:30		6:30		6:30		6:30	
7:00		7:00		7:00		7:00	
7:30		7:30		7:30		7:30	
8:00		8:00		8:00		8:00	
8:30		8:30		8:30		8:30	
9:00		9:00		9:00		9:00	
9:30		9:30		9:30		9:30	
10:00		10:00		10:00		10:00	
10:30		10:30		10:30		10:30	
11:00		11:00		11:00		11:00	
11:30		11:30		11:30		11:30	
	PRAY ALWAYS		TRUST & OBEY		WRITE HIS WORDS		REST IN HIM
12:00		12:00		12:00		12:00	
12:30		12:30		12:30		12:30	
1:00		1:00		1:00		1:00	
1:30		1:30		1:30		1:30	
2:00		2:00		2:00		2:00	
2:30		2:30		2:30		2:30	
3:00		3:00		3:00		3:00	
3:30		3:30		3:30		3:30	
4:00		4:00		4:00		4:00	
4:30		4:30		4:30		4:30	
5:00		5:00		5:00		5:00	
5:30		5:30		5:30		5:30	
6:00		6:00		6:00		6:00	
6:30		6:30		6:30		6:30	
7:00		7:00		7:00		7:00	
7:30		7:30		7:30		7:30	
8:00		8:00		8:00		8:00	
8:30		8:30		8:30		8:30	
9:00		9:00		9:00		9:00	
9:30		9:30		9:30		9:30	
10:00		10:00		10:00		10:00	
10:30		10:30		10:30		10:30	
11:00		11:00		11:00		11:00	
11:30		11:30		11:30		11:30	
	WRITING PROGRESS		WRITING PROGRESS		WRITING PROGRESS		WRITING PROGRESS

LOOKING AHEAD

Monthly Overview

What blessings am I grateful for this month?

Did I meet my writing and personal goals? Why or why not?

Am I happy with how I spent my time? If not, what changes will I make?

ASK FOR GOD'S HELP TO FOCUS ON THE MOST IMPORTANT TASKS.

What lessons has God taught me this month?

What was my biggest time/ energy waster this month? How can I eliminate it? Or do I need God's help to accept it?

What have I been procrastinating on?

FIND A PLACE TO SCHEDULE IT NEXT MONTH

What goals do I feel God is calling me to meet next month?

This Month's Focus

Personal Projects

Writing Projects

Other

MONDAY	TUESDAY	WEDNESDAY

Bible Study Goals

Social Media Goals

THURSDAY	FRIDAY	SATURDAY	SUNDAY

Book Sales / Releases / Queries

Week Of

Acknowledge Him in all your ways and in your writing today.

~Read Prov. 5:6

PRIORITY GOALS

TO DO

PRAYER REQUESTS

VERSE FOR THE WEEK

	MONDAY	TUESDAY	WEDNESDAY
	INTENTIONS	INTENTIONS	INTENTIONS
5:30			
6:00			
6:30			
7:00			
7:30			
8:00			
8:30			
9:00			
9:30			
10:00			
10:30			
11:00			
11:30			
	LET GOD LEAD	MY WORDS MATTER	SHOW GOD'S LOVE
12:00			
12:30			
1:00			
1:30			
2:00			
2:30			
3:00			
3:30			
4:00			
4:30			
5:00			
5:30			
6:00			
6:30			
7:00			
7:30			
8:00			
8:30			
9:00			
9:30			
10:00			
10:30			
11:00			
11:30			
	WRITING PROGRESS	WRITING PROGRESS	WRITING PROGRESS

GRATITUDES

THURSDAY		FRIDAY		SATURDAY		SUNDAY	
INTENTIONS		INTENTIONS		INTENTIONS		INTENTIONS	
5:30		5:30		5:30		5:30	
6:00		6:00		6:00		6:00	
6:30		6:30		6:30		6:30	
7:00		7:00		7:00		7:00	
7:30		7:30		7:30		7:30	
8:00		8:00		8:00		8:00	
8:30		8:30		8:30		8:30	
9:00		9:00		9:00		9:00	
9:30		9:30		9:30		9:30	
10:00		10:00		10:00		10:00	
10:30		10:30		10:30		10:30	
11:00		11:00		11:00		11:00	
11:30		11:30		11:30		11:30	
	PRAY ALWAYS		TRUST & OBEY		WRITE HIS WORDS		REST IN HIM
12:00		12:00		12:00		12:00	
12:30		12:30		12:30		12:30	
1:00		1:00		1:00		1:00	
1:30		1:30		1:30		1:30	
2:00		2:00		2:00		2:00	
2:30		2:30		2:30		2:30	
3:00		3:00		3:00		3:00	
3:30		3:30		3:30		3:30	
4:00		4:00		4:00		4:00	
4:30		4:30		4:30		4:30	
5:00		5:00		5:00		5:00	
5:30		5:30		5:30		5:30	
6:00		6:00		6:00		6:00	
6:30		6:30		6:30		6:30	
7:00		7:00		7:00		7:00	
7:30		7:30		7:30		7:30	
8:00		8:00		8:00		8:00	
8:30		8:30		8:30		8:30	
9:00		9:00		9:00		9:00	
9:30		9:30		9:30		9:30	
10:00		10:00		10:00		10:00	
10:30		10:30		10:30		10:30	
11:00		11:00		11:00		11:00	
11:30		11:30		11:30		11:30	
	WRITING PROGRESS		WRITING PROGRESS		WRITING PROGRESS		WRITING PROGRESS

LOOKING AHEAD

Week Of

God knows the people our words will touch.

PRIORITY GOALS

TO DO

PRAYER REQUESTS

VERSE FOR THE WEEK

	MONDAY	TUESDAY	WEDNESDAY
	INTENTIONS	INTENTIONS	INTENTIONS
5:30			
6:00			
6:30			
7:00			
7:30			
8:00			
8:30			
9:00			
9:30			
10:00			
10:30			
11:00			
11:30			
	LET GOD LEAD	MY WORDS MATTER	SHOW GOD'S LOVE
12:00			
12:30			
1:00			
1:30			
2:00			
2:30			
3:00			
3:30			
4:00			
4:30			
5:00			
5:30			
6:00			
6:30			
7:00			
7:30			
8:00			
8:30			
9:00			
9:30			
10:00			
10:30			
11:00			
11:30			
	WRITING PROGRESS	WRITING PROGRESS	WRITING PROGRESS
	GRATITUDES		

THURSDAY	FRIDAY	SATURDAY	SUNDAY
INTENTIONS	INTENTIONS	INTENTIONS	INTENTIONS
5:30	5:30	5:30	5:30
6:00	6:00	6:00	6:00
6:30	6:30	6:30	6:30
7:00	7:00	7:00	7:00
7:30	7:30	7:30	7:30
8:00	8:00	8:00	8:00
8:30	8:30	8:30	8:30
9:00	9:00	9:00	9:00
9:30	9:30	9:30	9:30
10:00	10:00	10:00	10:00
10:30	10:30	10:30	10:30
11:00	11:00	11:00	11:00
11:30	11:30	11:30	11:30
PRAY ALWAYS	TRUST & OBEY	WRITE HIS WORDS	REST IN HIM
12:00	12:00	12:00	12:00
12:30	12:30	12:30	12:30
1:00	1:00	1:00	1:00
1:30	1:30	1:30	1:30
2:00	2:00	2:00	2:00
2:30	2:30	2:30	2:30
3:00	3:00	3:00	3:00
3:30	3:30	3:30	3:30
4:00	4:00	4:00	4:00
4:30	4:30	4:30	4:30
5:00	5:00	5:00	5:00
5:30	5:30	5:30	5:30
6:00	6:00	6:00	6:00
6:30	6:30	6:30	6:30
7:00	7:00	7:00	7:00
7:30	7:30	7:30	7:30
8:00	8:00	8:00	8:00
8:30	8:30	8:30	8:30
9:00	9:00	9:00	9:00
9:30	9:30	9:30	9:30
10:00	10:00	10:00	10:00
10:30	10:30	10:30	10:30
11:00	11:00	11:00	11:00
11:30	11:30	11:30	11:30
WRITING PROGRESS	WRITING PROGRESS	WRITING PROGRESS	WRITING PROGRESS

LOOKING AHEAD

Week Of

"Start by doing what's necessary, then do what's possible, and suddenly you are doing the impossible."

~St. Francis of Assisi

PRIORITY GOALS

TO DO

PRAYER REQUESTS

VERSE FOR THE WEEK

	MONDAY	TUESDAY	WEDNESDAY
	INTENTIONS	INTENTIONS	INTENTIONS
5:30			
6:00			
6:30			
7:00			
7:30			
8:00			
8:30			
9:00			
9:30			
10:00			
10:30			
11:00			
11:30			
	LET GOD LEAD	MY WORDS MATTER	SHOW GOD'S LOVE
12:00			
12:30			
1:00			
1:30			
2:00			
2:30			
3:00			
3:30			
4:00			
4:30			
5:00			
5:30			
6:00			
6:30			
7:00			
7:30			
8:00			
8:30			
9:00			
9:30			
10:00			
10:30			
11:00			
11:30			
	WRITING PROGRESS	WRITING PROGRESS	WRITING PROGRESS

GRATITUDES

THURSDAY		FRIDAY		SATURDAY		SUNDAY	
INTENTIONS		INTENTIONS		INTENTIONS		INTENTIONS	
5:30		5:30		5:30		5:30	
6:00		6:00		6:00		6:00	
6:30		6:30		6:30		6:30	
7:00		7:00		7:00		7:00	
7:30		7:30		7:30		7:30	
8:00		8:00		8:00		8:00	
8:30		8:30		8:30		8:30	
9:00		9:00		9:00		9:00	
9:30		9:30		9:30		9:30	
10:00		10:00		10:00		10:00	
10:30		10:30		10:30		10:30	
11:00		11:00		11:00		11:00	
11:30		11:30		11:30		11:30	
PRAY ALWAYS		**TRUST & OBEY**		**WRITE HIS WORDS**		**REST IN HIM**	
12:00		12:00		12:00		12:00	
12:30		12:30		12:30		12:30	
1:00		1:00		1:00		1:00	
1:30		1:30		1:30		1:30	
2:00		2:00		2:00		2:00	
2:30		2:30		2:30		2:30	
3:00		3:00		3:00		3:00	
3:30		3:30		3:30		3:30	
4:00		4:00		4:00		4:00	
4:30		4:30		4:30		4:30	
5:00		5:00		5:00		5:00	
5:30		5:30		5:30		5:30	
6:00		6:00		6:00		6:00	
6:30		6:30		6:30		6:30	
7:00		7:00		7:00		7:00	
7:30		7:30		7:30		7:30	
8:00		8:00		8:00		8:00	
8:30		8:30		8:30		8:30	
9:00		9:00		9:00		9:00	
9:30		9:30		9:30		9:30	
10:00		10:00		10:00		10:00	
10:30		10:30		10:30		10:30	
11:00		11:00		11:00		11:00	
11:30		11:30		11:30		11:30	
WRITING PROGRESS		**WRITING PROGRESS**		**WRITING PROGRESS**		**WRITING PROGRESS**	

LOOKING AHEAD

Week Of

Three keys for your writing life: ASK. SEEK. KNOCK.

~Read Luke 11:9–10

PRIORITY GOALS

TO DO

PRAYER REQUESTS

VERSE FOR THE WEEK

	MONDAY		TUESDAY		WEDNESDAY
	INTENTIONS		INTENTIONS		INTENTIONS
5:30		5:30		5:30	
6:00		6:00		6:00	
6:30		6:30		6:30	
7:00		7:00		7:00	
7:30		7:30		7:30	
8:00		8:00		8:00	
8:30		8:30		8:30	
9:00		9:00		9:00	
9:30		9:30		9:30	
10:00		10:00		10:00	
10:30		10:30		10:30	
11:00		11:00		11:00	
11:30		11:30		11:30	
	LET GOD LEAD		MY WORDS MATTER		SHOW GOD'S LOVE
12:00		12:00		12:00	
12:30		12:30		12:30	
1:00		1:00		1:00	
1:30		1:30		1:30	
2:00		2:00		2:00	
2:30		2:30		2:30	
3:00		3:00		3:00	
3:30		3:30		3:30	
4:00		4:00		4:00	
4:30		4:30		4:30	
5:00		5:00		5:00	
5:30		5:30		5:30	
6:00		6:00		6:00	
6:30		6:30		6:30	
7:00		7:00		7:00	
7:30		7:30		7:30	
8:00		8:00		8:00	
8:30		8:30		8:30	
9:00		9:00		9:00	
9:30		9:30		9:30	
10:00		10:00		10:00	
10:30		10:30		10:30	
11:00		11:00		11:00	
11:30		11:30		11:30	
	WRITING PROGRESS		WRITING PROGRESS		WRITING PROGRESS
	GRATITUDES				

THURSDAY		FRIDAY		SATURDAY		SUNDAY	
INTENTIONS		INTENTIONS		INTENTIONS		INTENTIONS	
5:30		5:30		5:30		5:30	
6:00		6:00		6:00		6:00	
6:30		6:30		6:30		6:30	
7:00		7:00		7:00		7:00	
7:30		7:30		7:30		7:30	
8:00		8:00		8:00		8:00	
8:30		8:30		8:30		8:30	
9:00		9:00		9:00		9:00	
9:30		9:30		9:30		9:30	
10:00		10:00		10:00		10:00	
10:30		10:30		10:30		10:30	
11:00		11:00		11:00		11:00	
11:30		11:30		11:30		11:30	
	PRAY ALWAYS		TRUST & OBEY		WRITE HIS WORDS		REST IN HIM
12:00		12:00		12:00		12:00	
12:30		12:30		12:30		12:30	
1:00		1:00		1:00		1:00	
1:30		1:30		1:30		1:30	
2:00		2:00		2:00		2:00	
2:30		2:30		2:30		2:30	
3:00		3:00		3:00		3:00	
3:30		3:30		3:30		3:30	
4:00		4:00		4:00		4:00	
4:30		4:30		4:30		4:30	
5:00		5:00		5:00		5:00	
5:30		5:30		5:30		5:30	
6:00		6:00		6:00		6:00	
6:30		6:30		6:30		6:30	
7:00		7:00		7:00		7:00	
7:30		7:30		7:30		7:30	
8:00		8:00		8:00		8:00	
8:30		8:30		8:30		8:30	
9:00		9:00		9:00		9:00	
9:30		9:30		9:30		9:30	
10:00		10:00		10:00		10:00	
10:30		10:30		10:30		10:30	
11:00		11:00		11:00		11:00	
11:30		11:30		11:30		11:30	
	WRITING PROGRESS		WRITING PROGRESS		WRITING PROGRESS		WRITING PROGRESS

LOOKING AHEAD

Monthly Overview

What blessings am I grateful for this month?

Did I meet my writing and personal goals? Why or why not?

Am I happy with how I spent my time? If not, what changes will I make?

ASK FOR GOD'S HELP TO FOCUS ON THE MOST IMPORTANT TASKS.

What lessons has God taught me this month?

What was my biggest time/ energy waster this month? How can I eliminate it? Or do I need God's help to accept it?

What have I been procrastinating on?

FIND A PLACE TO SCHEDULE IT NEXT MONTH

What goals do I feel God is calling me to meet next month?

This Month's Focus

Personal Projects

Writing Projects

Other

MONDAY	TUESDAY	WEDNESDAY

 Bible Study Goals

Social Media Goals

THURSDAY	FRIDAY	SATURDAY	SUNDAY

Book Sales / Releases / Queries

Week Of

Remember:

God can do more than we can ask or think.

PRIORITY GOALS

TO DO

PRAYER REQUESTS

VERSE FOR THE WEEK

	MONDAY	TUESDAY	WEDNESDAY
	INTENTIONS	INTENTIONS	INTENTIONS
5:30			
6:00			
6:30			
7:00			
7:30			
8:00			
8:30			
9:00			
9:30			
10:00			
10:30			
11:00			
11:30			
	LET GOD LEAD	MY WORDS MATTER	SHOW GOD'S LOVE
12:00			
12:30			
1:00			
1:30			
2:00			
2:30			
3:00			
3:30			
4:00			
4:30			
5:00			
5:30			
6:00			
6:30			
7:00			
7:30			
8:00			
8:30			
9:00			
9:30			
10:00			
10:30			
11:00			
11:30			
	WRITING PROGRESS	WRITING PROGRESS	WRITING PROGRESS
GRATITUDES			

THURSDAY		FRIDAY		SATURDAY		SUNDAY	
INTENTIONS		INTENTIONS		INTENTIONS		INTENTIONS	
5:30		5:30		5:30		5:30	
6:00		6:00		6:00		6:00	
6:30		6:30		6:30		6:30	
7:00		7:00		7:00		7:00	
7:30		7:30		7:30		7:30	
8:00		8:00		8:00		8:00	
8:30		8:30		8:30		8:30	
9:00		9:00		9:00		9:00	
9:30		9:30		9:30		9:30	
10:00		10:00		10:00		10:00	
10:30		10:30		10:30		10:30	
11:00		11:00		11:00		11:00	
11:30		11:30		11:30		11:30	
PRAY ALWAYS		TRUST & OBEY		WRITE HIS WORDS		REST IN HIM	
12:00		12:00		12:00		12:00	
12:30		12:30		12:30		12:30	
1:00		1:00		1:00		1:00	
1:30		1:30		1:30		1:30	
2:00		2:00		2:00		2:00	
2:30		2:30		2:30		2:30	
3:00		3:00		3:00		3:00	
3:30		3:30		3:30		3:30	
4:00		4:00		4:00		4:00	
4:30		4:30		4:30		4:30	
5:00		5:00		5:00		5:00	
5:30		5:30		5:30		5:30	
6:00		6:00		6:00		6:00	
6:30		6:30		6:30		6:30	
7:00		7:00		7:00		7:00	
7:30		7:30		7:30		7:30	
8:00		8:00		8:00		8:00	
8:30		8:30		8:30		8:30	
9:00		9:00		9:00		9:00	
9:30		9:30		9:30		9:30	
10:00		10:00		10:00		10:00	
10:30		10:30		10:30		10:30	
11:00		11:00		11:00		11:00	
11:30		11:30		11:30		11:30	
WRITING PROGRESS		WRITING PROGRESS		WRITING PROGRESS		WRITING PROGRESS	

LOOKING AHEAD

Week Of

God will give you the words.

~Read Jer. 36:18b

PRIORITY GOALS

TO DO

PRAYER REQUESTS

VERSE FOR THE WEEK

	MONDAY	TUESDAY	WEDNESDAY
	INTENTIONS	INTENTIONS	INTENTIONS
5:30			
6:00			
6:30			
7:00			
7:30			
8:00			
8:30			
9:00			
9:30			
10:00			
10:30			
11:00			
11:30			
	LET GOD LEAD	MY WORDS MATTER	SHOW GOD'S LOVE
12:00			
12:30			
1:00			
1:30			
2:00			
2:30			
3:00			
3:30			
4:00			
4:30			
5:00			
5:30			
6:00			
6:30			
7:00			
7:30			
8:00			
8:30			
9:00			
9:30			
10:00			
10:30			
11:00			
11:30			
	WRITING PROGRESS	WRITING PROGRESS	WRITING PROGRESS
	GRATITUDES		

THURSDAY		FRIDAY		SATURDAY		SUNDAY	
INTENTIONS		INTENTIONS		INTENTIONS		INTENTIONS	
5:30		5:30		5:30		5:30	
6:00		6:00		6:00		6:00	
6:30		6:30		6:30		6:30	
7:00		7:00		7:00		7:00	
7:30		7:30		7:30		7:30	
8:00		8:00		8:00		8:00	
8:30		8:30		8:30		8:30	
9:00		9:00		9:00		9:00	
9:30		9:30		9:30		9:30	
10:00		10:00		10:00		10:00	
10:30		10:30		10:30		10:30	
11:00		11:00		11:00		11:00	
11:30		11:30		11:30		11:30	
	PRAY ALWAYS		TRUST & OBEY		WRITE HIS WORDS		REST IN HIM
12:00		12:00		12:00		12:00	
12:30		12:30		12:30		12:30	
1:00		1:00		1:00		1:00	
1:30		1:30		1:30		1:30	
2:00		2:00		2:00		2:00	
2:30		2:30		2:30		2:30	
3:00		3:00		3:00		3:00	
3:30		3:30		3:30		3:30	
4:00		4:00		4:00		4:00	
4:30		4:30		4:30		4:30	
5:00		5:00		5:00		5:00	
5:30		5:30		5:30		5:30	
6:00		6:00		6:00		6:00	
6:30		6:30		6:30		6:30	
7:00		7:00		7:00		7:00	
7:30		7:30		7:30		7:30	
8:00		8:00		8:00		8:00	
8:30		8:30		8:30		8:30	
9:00		9:00		9:00		9:00	
9:30		9:30		9:30		9:30	
10:00		10:00		10:00		10:00	
10:30		10:30		10:30		10:30	
11:00		11:00		11:00		11:00	
11:30		11:30		11:30		11:30	
	WRITING PROGRESS		WRITING PROGRESS		WRITING PROGRESS		WRITING PROGRESS

LOOKING AHEAD

Week Of

"We won't be distracted by comparison if we are captivated with purpose."

~Bob Goff

PRIORITY GOALS

TO DO

PRAYER REQUESTS

VERSE FOR THE WEEK

	MONDAY	TUESDAY	WEDNESDAY
	INTENTIONS	INTENTIONS	INTENTIONS
5:30			
6:00			
6:30			
7:00			
7:30			
8:00			
8:30			
9:00			
9:30			
10:00			
10:30			
11:00			
11:30			
	LET GOD LEAD	MY WORDS MATTER	SHOW GOD'S LOVE
12:00			
12:30			
1:00			
1:30			
2:00			
2:30			
3:00			
3:30			
4:00			
4:30			
5:00			
5:30			
6:00			
6:30			
7:00			
7:30			
8:00			
8:30			
9:00			
9:30			
10:00			
10:30			
11:00			
11:30			
	WRITING PROGRESS	WRITING PROGRESS	WRITING PROGRESS
	GRATITUDES		

THURSDAY		FRIDAY		SATURDAY		SUNDAY	
INTENTIONS		INTENTIONS		INTENTIONS		INTENTIONS	
5:30		5:30		5:30		5:30	
6:00		6:00		6:00		6:00	
6:30		6:30		6:30		6:30	
7:00		7:00		7:00		7:00	
7:30		7:30		7:30		7:30	
8:00		8:00		8:00		8:00	
8:30		8:30		8:30		8:30	
9:00		9:00		9:00		9:00	
9:30		9:30		9:30		9:30	
10:00		10:00		10:00		10:00	
10:30		10:30		10:30		10:30	
11:00		11:00		11:00		11:00	
11:30		11:30		11:30		11:30	
	PRAY ALWAYS		TRUST & OBEY		WRITE HIS WORDS		REST IN HIM
12:00		12:00		12:00		12:00	
12:30		12:30		12:30		12:30	
1:00		1:00		1:00		1:00	
1:30		1:30		1:30		1:30	
2:00		2:00		2:00		2:00	
2:30		2:30		2:30		2:30	
3:00		3:00		3:00		3:00	
3:30		3:30		3:30		3:30	
4:00		4:00		4:00		4:00	
4:30		4:30		4:30		4:30	
5:00		5:00		5:00		5:00	
5:30		5:30		5:30		5:30	
6:00		6:00		6:00		6:00	
6:30		6:30		6:30		6:30	
7:00		7:00		7:00		7:00	
7:30		7:30		7:30		7:30	
8:00		8:00		8:00		8:00	
8:30		8:30		8:30		8:30	
9:00		9:00		9:00		9:00	
9:30		9:30		9:30		9:30	
10:00		10:00		10:00		10:00	
10:30		10:30		10:30		10:30	
11:00		11:00		11:00		11:00	
11:30		11:30		11:30		11:30	
WRITING PROGRESS		WRITING PROGRESS		WRITING PROGRESS		WRITING PROGRESS	

LOOKING AHEAD

Week Of

Act with kindness and truth.

~Read Prov. 3:3

PRIORITY GOALS

TO DO

PRAYER REQUESTS

VERSE FOR THE WEEK

	MONDAY		TUESDAY		WEDNESDAY
	INTENTIONS		INTENTIONS		INTENTIONS
5:30		5:30		5:30	
6:00		6:00		6:00	
6:30		6:30		6:30	
7:00		7:00		7:00	
7:30		7:30		7:30	
8:00		8:00		8:00	
8:30		8:30		8:30	
9:00		9:00		9:00	
9:30		9:30		9:30	
10:00		10:00		10:00	
10:30		10:30		10:30	
11:00		11:00		11:00	
11:30		11:30		11:30	
	LET GOD LEAD		MY WORDS MATTER		SHOW GOD'S LOVE
12:00		12:00		12:00	
12:30		12:30		12:30	
1:00		1:00		1:00	
1:30		1:30		1:30	
2:00		2:00		2:00	
2:30		2:30		2:30	
3:00		3:00		3:00	
3:30		3:30		3:30	
4:00		4:00		4:00	
4:30		4:30		4:30	
5:00		5:00		5:00	
5:30		5:30		5:30	
6:00		6:00		6:00	
6:30		6:30		6:30	
7:00		7:00		7:00	
7:30		7:30		7:30	
8:00		8:00		8:00	
8:30		8:30		8:30	
9:00		9:00		9:00	
9:30		9:30		9:30	
10:00		10:00		10:00	
10:30		10:30		10:30	
11:00		11:00		11:00	
11:30		11:30		11:30	
	WRITING PROGRESS		WRITING PROGRESS		WRITING PROGRESS
	GRATITUDES				

THURSDAY		FRIDAY		SATURDAY		SUNDAY	
INTENTIONS		INTENTIONS		INTENTIONS		INTENTIONS	
5:30		5:30		5:30		5:30	
6:00		6:00		6:00		6:00	
6:30		6:30		6:30		6:30	
7:00		7:00		7:00		7:00	
7:30		7:30		7:30		7:30	
8:00		8:00		8:00		8:00	
8:30		8:30		8:30		8:30	
9:00		9:00		9:00		9:00	
9:30		9:30		9:30		9:30	
10:00		10:00		10:00		10:00	
10:30		10:30		10:30		10:30	
11:00		11:00		11:00		11:00	
11:30		11:30		11:30		11:30	
PRAY ALWAYS		TRUST & OBEY		WRITE HIS WORDS		REST IN HIM	
12:00		12:00		12:00		12:00	
12:30		12:30		12:30		12:30	
1:00		1:00		1:00		1:00	
1:30		1:30		1:30		1:30	
2:00		2:00		2:00		2:00	
2:30		2:30		2:30		2:30	
3:00		3:00		3:00		3:00	
3:30		3:30		3:30		3:30	
4:00		4:00		4:00		4:00	
4:30		4:30		4:30		4:30	
5:00		5:00		5:00		5:00	
5:30		5:30		5:30		5:30	
6:00		6:00		6:00		6:00	
6:30		6:30		6:30		6:30	
7:00		7:00		7:00		7:00	
7:30		7:30		7:30		7:30	
8:00		8:00		8:00		8:00	
8:30		8:30		8:30		8:30	
9:00		9:00		9:00		9:00	
9:30		9:30		9:30		9:30	
10:00		10:00		10:00		10:00	
10:30		10:30		10:30		10:30	
11:00		11:00		11:00		11:00	
11:30		11:30		11:30		11:30	
WRITING PROGRESS		WRITING PROGRESS		WRITING PROGRESS		WRITING PROGRESS	

LOOKING AHEAD

Week Of

"The storm may be tempestuous, but it is only temporary."

~William Gurnall

PRIORITY GOALS

TO DO

PRAYER REQUESTS

VERSE FOR THE WEEK

	MONDAY	TUESDAY	WEDNESDAY
	INTENTIONS	INTENTIONS	INTENTIONS
5:30			
6:00			
6:30			
7:00			
7:30			
8:00			
8:30			
9:00			
9:30			
10:00			
10:30			
11:00			
11:30			
	LET GOD LEAD	MY WORDS MATTER	SHOW GOD'S LOVE
12:00			
12:30			
1:00			
1:30			
2:00			
2:30			
3:00			
3:30			
4:00			
4:30			
5:00			
5:30			
6:00			
6:30			
7:00			
7:30			
8:00			
8:30			
9:00			
9:30			
10:00			
10:30			
11:00			
11:30			
	WRITING PROGRESS	WRITING PROGRESS	WRITING PROGRESS
	GRATITUDES		

THURSDAY		FRIDAY		SATURDAY		SUNDAY	
INTENTIONS		INTENTIONS		INTENTIONS		INTENTIONS	
5:30		5:30		5:30		5:30	
6:00		6:00		6:00		6:00	
6:30		6:30		6:30		6:30	
7:00		7:00		7:00		7:00	
7:30		7:30		7:30		7:30	
8:00		8:00		8:00		8:00	
8:30		8:30		8:30		8:30	
9:00		9:00		9:00		9:00	
9:30		9:30		9:30		9:30	
10:00		10:00		10:00		10:00	
10:30		10:30		10:30		10:30	
11:00		11:00		11:00		11:00	
11:30		11:30		11:30		11:30	
	PRAY ALWAYS		TRUST & OBEY		WRITE HIS WORDS		REST IN HIM
12:00		12:00		12:00		12:00	
12:30		12:30		12:30		12:30	
1:00		1:00		1:00		1:00	
1:30		1:30		1:30		1:30	
2:00		2:00		2:00		2:00	
2:30		2:30		2:30		2:30	
3:00		3:00		3:00		3:00	
3:30		3:30		3:30		3:30	
4:00		4:00		4:00		4:00	
4:30		4:30		4:30		4:30	
5:00		5:00		5:00		5:00	
5:30		5:30		5:30		5:30	
6:00		6:00		6:00		6:00	
6:30		6:30		6:30		6:30	
7:00		7:00		7:00		7:00	
7:30		7:30		7:30		7:30	
8:00		8:00		8:00		8:00	
8:30		8:30		8:30		8:30	
9:00		9:00		9:00		9:00	
9:30		9:30		9:30		9:30	
10:00		10:00		10:00		10:00	
10:30		10:30		10:30		10:30	
11:00		11:00		11:00		11:00	
11:30		11:30		11:30		11:30	
	WRITING PROGRESS		WRITING PROGRESS		WRITING PROGRESS		WRITING PROGRESS

LOOKING AHEAD

Quarterly Overview

Am I still on target with my yearly goals?
Or has God led me on a new path?

What kept me from meeting my goals this quarter?

With God's help, what can I do to eliminate these obstacles?

What changes is God calling me to make next quarter?

ADD THESE TO YOUR PRAYER LIST

How did my work and activities reflect the yearly word I chose?

What do I feel God wants me to do next quarter?

What three steps can I take next quarter to meet these goals?

ADD ONE STEP TO EACH MONTHLY GOAL LIST

MONDAY	TUESDAY	WEDNESDAY

This Month's Focus

Personal Projects

Writing Projects

Other

Bible Study Goals

Social Media Goals

THURSDAY	FRIDAY	SATURDAY	SUNDAY

Book Sales / Releases / Queries

Week Of

"God never said that the journey would be easy, but He did say that the arrival would be worthwhile."

~Max Lucado

PRIORITY GOALS

TO DO

PRAYER REQUESTS

VERSE FOR THE WEEK

	MONDAY	TUESDAY	WEDNESDAY
	INTENTIONS	INTENTIONS	INTENTIONS
5:30			
6:00			
6:30			
7:00			
7:30			
8:00			
8:30			
9:00			
9:30			
10:00			
10:30			
11:00			
11:30			
	LET GOD LEAD	MY WORDS MATTER	SHOW GOD'S LOVE
12:00			
12:30			
1:00			
1:30			
2:00			
2:30			
3:00			
3:30			
4:00			
4:30			
5:00			
5:30			
6:00			
6:30			
7:00			
7:30			
8:00			
8:30			
9:00			
9:30			
10:00			
10:30			
11:00			
11:30			
	WRITING PROGRESS	WRITING PROGRESS	WRITING PROGRESS

GRATITUDES

THURSDAY		FRIDAY		SATURDAY		SUNDAY	
INTENTIONS		INTENTIONS		INTENTIONS		INTENTIONS	
5:30		5:30		5:30		5:30	
6:00		6:00		6:00		6:00	
6:30		6:30		6:30		6:30	
7:00		7:00		7:00		7:00	
7:30		7:30		7:30		7:30	
8:00		8:00		8:00		8:00	
8:30		8:30		8:30		8:30	
9:00		9:00		9:00		9:00	
9:30		9:30		9:30		9:30	
10:00		10:00		10:00		10:00	
10:30		10:30		10:30		10:30	
11:00		11:00		11:00		11:00	
11:30		11:30		11:30		11:30	
PRAY ALWAYS		TRUST & OBEY		WRITE HIS WORDS		REST IN HIM	
12:00		12:00		12:00		12:00	
12:30		12:30		12:30		12:30	
1:00		1:00		1:00		1:00	
1:30		1:30		1:30		1:30	
2:00		2:00		2:00		2:00	
2:30		2:30		2:30		2:30	
3:00		3:00		3:00		3:00	
3:30		3:30		3:30		3:30	
4:00		4:00		4:00		4:00	
4:30		4:30		4:30		4:30	
5:00		5:00		5:00		5:00	
5:30		5:30		5:30		5:30	
6:00		6:00		6:00		6:00	
6:30		6:30		6:30		6:30	
7:00		7:00		7:00		7:00	
7:30		7:30		7:30		7:30	
8:00		8:00		8:00		8:00	
8:30		8:30		8:30		8:30	
9:00		9:00		9:00		9:00	
9:30		9:30		9:30		9:30	
10:00		10:00		10:00		10:00	
10:30		10:30		10:30		10:30	
11:00		11:00		11:00		11:00	
11:30		11:30		11:30		11:30	
WRITING PROGRESS		WRITING PROGRESS		WRITING PROGRESS		WRITING PROGRESS	

LOOKING AHEAD

Week Of

"There's a common ground in what all gifted writers write. It has to do with their wish to turn darkness into light."

~Mandy Patinkin

PRIORITY GOALS

TO DO

PRAYER REQUESTS

VERSE FOR THE WEEK

	MONDAY	TUESDAY	WEDNESDAY
	INTENTIONS	INTENTIONS	INTENTIONS
5:30			
6:00			
6:30			
7:00			
7:30			
8:00			
8:30			
9:00			
9:30			
10:00			
10:30			
11:00			
11:30			
	LET GOD LEAD	MY WORDS MATTER	SHOW GOD'S LOVE
12:00			
12:30			
1:00			
1:30			
2:00			
2:30			
3:00			
3:30			
4:00			
4:30			
5:00			
5:30			
6:00			
6:30			
7:00			
7:30			
8:00			
8:30			
9:00			
9:30			
10:00			
10:30			
11:00			
11:30			
	WRITING PROGRESS	WRITING PROGRESS	WRITING PROGRESS

GRATITUDES

THURSDAY	FRIDAY	SATURDAY	SUNDAY
INTENTIONS	INTENTIONS	INTENTIONS	INTENTIONS
5:30	5:30	5:30	5:30
6:00	6:00	6:00	6:00
6:30	6:30	6:30	6:30
7:00	7:00	7:00	7:00
7:30	7:30	7:30	7:30
8:00	8:00	8:00	8:00
8:30	8:30	8:30	8:30
9:00	9:00	9:00	9:00
9:30	9:30	9:30	9:30
10:00	10:00	10:00	10:00
10:30	10:30	10:30	10:30
11:00	11:00	11:00	11:00
11:30	11:30	11:30	11:30
PRAY ALWAYS	TRUST & OBEY	WRITE HIS WORDS	REST IN HIM
12:00	12:00	12:00	12:00
12:30	12:30	12:30	12:30
1:00	1:00	1:00	1:00
1:30	1:30	1:30	1:30
2:00	2:00	2:00	2:00
2:30	2:30	2:30	2:30
3:00	3:00	3:00	3:00
3:30	3:30	3:30	3:30
4:00	4:00	4:00	4:00
4:30	4:30	4:30	4:30
5:00	5:00	5:00	5:00
5:30	5:30	5:30	5:30
6:00	6:00	6:00	6:00
6:30	6:30	6:30	6:30
7:00	7:00	7:00	7:00
7:30	7:30	7:30	7:30
8:00	8:00	8:00	8:00
8:30	8:30	8:30	8:30
9:00	9:00	9:00	9:00
9:30	9:30	9:30	9:30
10:00	10:00	10:00	10:00
10:30	10:30	10:30	10:30
11:00	11:00	11:00	11:00
11:30	11:30	11:30	11:30
WRITING PROGRESS	WRITING PROGRESS	WRITING PROGRESS	WRITING PROGRESS

LOOKING AHEAD

Week Of

His Will. His Way.

May that be my prayer today.

PRIORITY GOALS

TO DO

PRAYER REQUESTS

VERSE FOR THE WEEK

	MONDAY	TUESDAY	WEDNESDAY
	INTENTIONS	INTENTIONS	INTENTIONS
5:30			
6:00			
6:30			
7:00			
7:30			
8:00			
8:30			
9:00			
9:30			
10:00			
10:30			
11:00			
11:30			
	LET GOD LEAD	MY WORDS MATTER	SHOW GOD'S LOVE
12:00			
12:30			
1:00			
1:30			
2:00			
2:30			
3:00			
3:30			
4:00			
4:30			
5:00			
5:30			
6:00			
6:30			
7:00			
7:30			
8:00			
8:30			
9:00			
9:30			
10:00			
10:30			
11:00			
11:30			
	WRITING PROGRESS	WRITING PROGRESS	WRITING PROGRESS

GRATITUDES

THURSDAY	FRIDAY	SATURDAY	SUNDAY
INTENTIONS	INTENTIONS	INTENTIONS	INTENTIONS
5:30	5:30	5:30	5:30
6:00	6:00	6:00	6:00
6:30	6:30	6:30	6:30
7:00	7:00	7:00	7:00
7:30	7:30	7:30	7:30
8:00	8:00	8:00	8:00
8:30	8:30	8:30	8:30
9:00	9:00	9:00	9:00
9:30	9:30	9:30	9:30
10:00	10:00	10:00	10:00
10:30	10:30	10:30	10:30
11:00	11:00	11:00	11:00
11:30	11:30	11:30	11:30
PRAY ALWAYS	TRUST & OBEY	WRITE HIS WORDS	REST IN HIM
12:00	12:00	12:00	12:00
12:30	12:30	12:30	12:30
1:00	1:00	1:00	1:00
1:30	1:30	1:30	1:30
2:00	2:00	2:00	2:00
2:30	2:30	2:30	2:30
3:00	3:00	3:00	3:00
3:30	3:30	3:30	3:30
4:00	4:00	4:00	4:00
4:30	4:30	4:30	4:30
5:00	5:00	5:00	5:00
5:30	5:30	5:30	5:30
6:00	6:00	6:00	6:00
6:30	6:30	6:30	6:30
7:00	7:00	7:00	7:00
7:30	7:30	7:30	7:30
8:00	8:00	8:00	8:00
8:30	8:30	8:30	8:30
9:00	9:00	9:00	9:00
9:30	9:30	9:30	9:30
10:00	10:00	10:00	10:00
10:30	10:30	10:30	10:30
11:00	11:00	11:00	11:00
11:30	11:30	11:30	11:30
WRITING PROGRESS	WRITING PROGRESS	WRITING PROGRESS	WRITING PROGRESS

LOOKING AHEAD

Week Of

"The will of God will not take us where the grace of God cannot sustain us."

~Billy Graham

PRIORITY GOALS

TO DO

PRAYER REQUESTS

VERSE FOR THE WEEK

	MONDAY	TUESDAY	WEDNESDAY
	INTENTIONS	INTENTIONS	INTENTIONS
5:30			
6:00			
6:30			
7:00			
7:30			
8:00			
8:30			
9:00			
9:30			
10:00			
10:30			
11:00			
11:30			
	LET GOD LEAD	MY WORDS MATTER	SHOW GOD'S LOVE
12:00			
12:30			
1:00			
1:30			
2:00			
2:30			
3:00			
3:30			
4:00			
4:30			
5:00			
5:30			
6:00			
6:30			
7:00			
7:30			
8:00			
8:30			
9:00			
9:30			
10:00			
10:30			
11:00			
11:30			
	WRITING PROGRESS	WRITING PROGRESS	WRITING PROGRESS

GRATITUDES

THURSDAY	FRIDAY	SATURDAY	SUNDAY
INTENTIONS	INTENTIONS	INTENTIONS	INTENTIONS
5:30	5:30	5:30	5:30
6:00	6:00	6:00	6:00
6:30	6:30	6:30	6:30
7:00	7:00	7:00	7:00
7:30	7:30	7:30	7:30
8:00	8:00	8:00	8:00
8:30	8:30	8:30	8:30
9:00	9:00	9:00	9:00
9:30	9:30	9:30	9:30
10:00	10:00	10:00	10:00
10:30	10:30	10:30	10:30
11:00	11:00	11:00	11:00
11:30	11:30	11:30	11:30
PRAY ALWAYS	TRUST & OBEY	WRITE HIS WORDS	REST IN HIM
12:00	12:00	12:00	12:00
12:30	12:30	12:30	12:30
1:00	1:00	1:00	1:00
1:30	1:30	1:30	1:30
2:00	2:00	2:00	2:00
2:30	2:30	2:30	2:30
3:00	3:00	3:00	3:00
3:30	3:30	3:30	3:30
4:00	4:00	4:00	4:00
4:30	4:30	4:30	4:30
5:00	5:00	5:00	5:00
5:30	5:30	5:30	5:30
6:00	6:00	6:00	6:00
6:30	6:30	6:30	6:30
7:00	7:00	7:00	7:00
7:30	7:30	7:30	7:30
8:00	8:00	8:00	8:00
8:30	8:30	8:30	8:30
9:00	9:00	9:00	9:00
9:30	9:30	9:30	9:30
10:00	10:00	10:00	10:00
10:30	10:30	10:30	10:30
11:00	11:00	11:00	11:00
11:30	11:30	11:30	11:30
WRITING PROGRESS	WRITING PROGRESS	WRITING PROGRESS	WRITING PROGRESS

LOOKING AHEAD

Monthly Overview

What blessings am I grateful for this month?

Did I meet my writing and personal goals? Why or why not?

Am I happy with how I spent my time? If not, what changes will I make?

ASK FOR GOD'S HELP TO FOCUS ON THE MOST IMPORTANT TASKS.

What lessons has God taught me this month?

What was my biggest time/ energy waster this month? How can I eliminate it? Or do I need God's help to accept it?

What have I been procrastinating on?

FIND A PLACE TO SCHEDULE IT NEXT MONTH

What goals do I feel God is calling me to meet next month?

This Month's Focus

Personal Projects

MONDAY	TUESDAY	WEDNESDAY

Writing Projects

Other

Bible Study Goals

 Social Media Goals

THURSDAY	FRIDAY	SATURDAY	SUNDAY

 Book Sales / Releases / Queries

Week Of

May my words pour forth this week.

~Read Ps. 19:1-4

PRIORITY GOALS

TO DO

PRAYER REQUESTS

VERSE FOR THE WEEK

	MONDAY		TUESDAY		WEDNESDAY
	INTENTIONS		INTENTIONS		INTENTIONS
5:30		5:30		5:30	
6:00		6:00		6:00	
6:30		6:30		6:30	
7:00		7:00		7:00	
7:30		7:30		7:30	
8:00		8:00		8:00	
8:30		8:30		8:30	
9:00		9:00		9:00	
9:30		9:30		9:30	
10:00		10:00		10:00	
10:30		10:30		10:30	
11:00		11:00		11:00	
11:30		11:30		11:30	
	LET GOD LEAD		MY WORDS MATTER		SHOW GOD'S LOVE
12:00		12:00		12:00	
12:30		12:30		12:30	
1:00		1:00		1:00	
1:30		1:30		1:30	
2:00		2:00		2:00	
2:30		2:30		2:30	
3:00		3:00		3:00	
3:30		3:30		3:30	
4:00		4:00		4:00	
4:30		4:30		4:30	
5:00		5:00		5:00	
5:30		5:30		5:30	
6:00		6:00		6:00	
6:30		6:30		6:30	
7:00		7:00		7:00	
7:30		7:30		7:30	
8:00		8:00		8:00	
8:30		8:30		8:30	
9:00		9:00		9:00	
9:30		9:30		9:30	
10:00		10:00		10:00	
10:30		10:30		10:30	
11:00		11:00		11:00	
11:30		11:30		11:30	
	WRITING PROGRESS		WRITING PROGRESS		WRITING PROGRESS
	GRATITUDES				

THURSDAY		FRIDAY		SATURDAY		SUNDAY	
INTENTIONS		INTENTIONS		INTENTIONS		INTENTIONS	
5:30		5:30		5:30		5:30	
6:00		6:00		6:00		6:00	
6:30		6:30		6:30		6:30	
7:00		7:00		7:00		7:00	
7:30		7:30		7:30		7:30	
8:00		8:00		8:00		8:00	
8:30		8:30		8:30		8:30	
9:00		9:00		9:00		9:00	
9:30		9:30		9:30		9:30	
10:00		10:00		10:00		10:00	
10:30		10:30		10:30		10:30	
11:00		11:00		11:00		11:00	
11:30		11:30		11:30		11:30	
	PRAY ALWAYS		TRUST & OBEY		WRITE HIS WORDS		REST IN HIM
12:00		12:00		12:00		12:00	
12:30		12:30		12:30		12:30	
1:00		1:00		1:00		1:00	
1:30		1:30		1:30		1:30	
2:00		2:00		2:00		2:00	
2:30		2:30		2:30		2:30	
3:00		3:00		3:00		3:00	
3:30		3:30		3:30		3:30	
4:00		4:00		4:00		4:00	
4:30		4:30		4:30		4:30	
5:00		5:00		5:00		5:00	
5:30		5:30		5:30		5:30	
6:00		6:00		6:00		6:00	
6:30		6:30		6:30		6:30	
7:00		7:00		7:00		7:00	
7:30		7:30		7:30		7:30	
8:00		8:00		8:00		8:00	
8:30		8:30		8:30		8:30	
9:00		9:00		9:00		9:00	
9:30		9:30		9:30		9:30	
10:00		10:00		10:00		10:00	
10:30		10:30		10:30		10:30	
11:00		11:00		11:00		11:00	
11:30		11:30		11:30		11:30	
	WRITING PROGRESS		WRITING PROGRESS		WRITING PROGRESS		WRITING PROGRESS

LOOKING AHEAD

Week Of

"We are what we repeatedly do."

~Aristotle

Are you writing daily?

PRIORITY GOALS

TO DO

PRAYER REQUESTS

VERSE FOR THE WEEK

	MONDAY	TUESDAY	WEDNESDAY
	INTENTIONS	INTENTIONS	INTENTIONS
5:30			
6:00			
6:30			
7:00			
7:30			
8:00			
8:30			
9:00			
9:30			
10:00			
10:30			
11:00			
11:30			
	LET GOD LEAD	MY WORDS MATTER	SHOW GOD'S LOVE
12:00			
12:30			
1:00			
1:30			
2:00			
2:30			
3:00			
3:30			
4:00			
4:30			
5:00			
5:30			
6:00			
6:30			
7:00			
7:30			
8:00			
8:30			
9:00			
9:30			
10:00			
10:30			
11:00			
11:30			
	WRITING PROGRESS	WRITING PROGRESS	WRITING PROGRESS

GRATITUDES

THURSDAY		FRIDAY		SATURDAY		SUNDAY	
INTENTIONS		INTENTIONS		INTENTIONS		INTENTIONS	
5:30		5:30		5:30		5:30	
6:00		6:00		6:00		6:00	
6:30		6:30		6:30		6:30	
7:00		7:00		7:00		7:00	
7:30		7:30		7:30		7:30	
8:00		8:00		8:00		8:00	
8:30		8:30		8:30		8:30	
9:00		9:00		9:00		9:00	
9:30		9:30		9:30		9:30	
10:00		10:00		10:00		10:00	
10:30		10:30		10:30		10:30	
11:00		11:00		11:00		11:00	
11:30		11:30		11:30		11:30	
PRAY ALWAYS		TRUST & OBEY		WRITE HIS WORDS		REST IN HIM	
12:00		12:00		12:00		12:00	
12:30		12:30		12:30		12:30	
1:00		1:00		1:00		1:00	
1:30		1:30		1:30		1:30	
2:00		2:00		2:00		2:00	
2:30		2:30		2:30		2:30	
3:00		3:00		3:00		3:00	
3:30		3:30		3:30		3:30	
4:00		4:00		4:00		4:00	
4:30		4:30		4:30		4:30	
5:00		5:00		5:00		5:00	
5:30		5:30		5:30		5:30	
6:00		6:00		6:00		6:00	
6:30		6:30		6:30		6:30	
7:00		7:00		7:00		7:00	
7:30		7:30		7:30		7:30	
8:00		8:00		8:00		8:00	
8:30		8:30		8:30		8:30	
9:00		9:00		9:00		9:00	
9:30		9:30		9:30		9:30	
10:00		10:00		10:00		10:00	
10:30		10:30		10:30		10:30	
11:00		11:00		11:00		11:00	
11:30		11:30		11:30		11:30	
WRITING PROGRESS		WRITING PROGRESS		WRITING PROGRESS		WRITING PROGRESS	

LOOKING AHEAD

Week Of

I can write with God's strength today.

~Read Ex. 15:2

PRIORITY GOALS

TO DO

PRAYER REQUESTS

VERSE FOR THE WEEK

	MONDAY		TUESDAY		WEDNESDAY
	INTENTIONS		INTENTIONS		INTENTIONS
5:30		5:30		5:30	
6:00		6:00		6:00	
6:30		6:30		6:30	
7:00		7:00		7:00	
7:30		7:30		7:30	
8:00		8:00		8:00	
8:30		8:30		8:30	
9:00		9:00		9:00	
9:30		9:30		9:30	
10:00		10:00		10:00	
10:30		10:30		10:30	
11:00		11:00		11:00	
11:30		11:30		11:30	
	LET GOD LEAD		MY WORDS MATTER		SHOW GOD'S LOVE
12:00		12:00		12:00	
12:30		12:30		12:30	
1:00		1:00		1:00	
1:30		1:30		1:30	
2:00		2:00		2:00	
2:30		2:30		2:30	
3:00		3:00		3:00	
3:30		3:30		3:30	
4:00		4:00		4:00	
4:30		4:30		4:30	
5:00		5:00		5:00	
5:30		5:30		5:30	
6:00		6:00		6:00	
6:30		6:30		6:30	
7:00		7:00		7:00	
7:30		7:30		7:30	
8:00		8:00		8:00	
8:30		8:30		8:30	
9:00		9:00		9:00	
9:30		9:30		9:30	
10:00		10:00		10:00	
10:30		10:30		10:30	
11:00		11:00		11:00	
11:30		11:30		11:30	
	WRITING PROGRESS		WRITING PROGRESS		WRITING PROGRESS
	GRATITUDES				

THURSDAY		FRIDAY		SATURDAY		SUNDAY	
INTENTIONS		INTENTIONS		INTENTIONS		INTENTIONS	
5:30		5:30		5:30		5:30	
6:00		6:00		6:00		6:00	
6:30		6:30		6:30		6:30	
7:00		7:00		7:00		7:00	
7:30		7:30		7:30		7:30	
8:00		8:00		8:00		8:00	
8:30		8:30		8:30		8:30	
9:00		9:00		9:00		9:00	
9:30		9:30		9:30		9:30	
10:00		10:00		10:00		10:00	
10:30		10:30		10:30		10:30	
11:00		11:00		11:00		11:00	
11:30		11:30		11:30		11:30	
	PRAY ALWAYS		TRUST & OBEY		WRITE HIS WORDS		REST IN HIM
12:00		12:00		12:00		12:00	
12:30		12:30		12:30		12:30	
1:00		1:00		1:00		1:00	
1:30		1:30		1:30		1:30	
2:00		2:00		2:00		2:00	
2:30		2:30		2:30		2:30	
3:00		3:00		3:00		3:00	
3:30		3:30		3:30		3:30	
4:00		4:00		4:00		4:00	
4:30		4:30		4:30		4:30	
5:00		5:00		5:00		5:00	
5:30		5:30		5:30		5:30	
6:00		6:00		6:00		6:00	
6:30		6:30		6:30		6:30	
7:00		7:00		7:00		7:00	
7:30		7:30		7:30		7:30	
8:00		8:00		8:00		8:00	
8:30		8:30		8:30		8:30	
9:00		9:00		9:00		9:00	
9:30		9:30		9:30		9:30	
10:00		10:00		10:00		10:00	
10:30		10:30		10:30		10:30	
11:00		11:00		11:00		11:00	
11:30		11:30		11:30		11:30	
	WRITING PROGRESS		WRITING PROGRESS		WRITING PROGRESS		WRITING PROGRESS

LOOKING AHEAD

Week Of

Sometimes one prayer can change everything.

PRIORITY GOALS

TO DO

PRAYER REQUESTS

VERSE FOR THE WEEK

	MONDAY	TUESDAY	WEDNESDAY
	INTENTIONS	INTENTIONS	INTENTIONS
5:30			
6:00			
6:30			
7:00			
7:30			
8:00			
8:30			
9:00			
9:30			
10:00			
10:30			
11:00			
11:30			
	LET GOD LEAD	MY WORDS MATTER	SHOW GOD'S LOVE
12:00			
12:30			
1:00			
1:30			
2:00			
2:30			
3:00			
3:30			
4:00			
4:30			
5:00			
5:30			
6:00			
6:30			
7:00			
7:30			
8:00			
8:30			
9:00			
9:30			
10:00			
10:30			
11:00			
11:30			
	WRITING PROGRESS	WRITING PROGRESS	WRITING PROGRESS

GRATITUDES

THURSDAY		FRIDAY		SATURDAY		SUNDAY	
INTENTIONS		INTENTIONS		INTENTIONS		INTENTIONS	
5:30		5:30		5:30		5:30	
6:00		6:00		6:00		6:00	
6:30		6:30		6:30		6:30	
7:00		7:00		7:00		7:00	
7:30		7:30		7:30		7:30	
8:00		8:00		8:00		8:00	
8:30		8:30		8:30		8:30	
9:00		9:00		9:00		9:00	
9:30		9:30		9:30		9:30	
10:00		10:00		10:00		10:00	
10:30		10:30		10:30		10:30	
11:00		11:00		11:00		11:00	
11:30		11:30		11:30		11:30	
PRAY ALWAYS		TRUST & OBEY		WRITE HIS WORDS		REST IN HIM	
12:00		12:00		12:00		12:00	
12:30		12:30		12:30		12:30	
1:00		1:00		1:00		1:00	
1:30		1:30		1:30		1:30	
2:00		2:00		2:00		2:00	
2:30		2:30		2:30		2:30	
3:00		3:00		3:00		3:00	
3:30		3:30		3:30		3:30	
4:00		4:00		4:00		4:00	
4:30		4:30		4:30		4:30	
5:00		5:00		5:00		5:00	
5:30		5:30		5:30		5:30	
6:00		6:00		6:00		6:00	
6:30		6:30		6:30		6:30	
7:00		7:00		7:00		7:00	
7:30		7:30		7:30		7:30	
8:00		8:00		8:00		8:00	
8:30		8:30		8:30		8:30	
9:00		9:00		9:00		9:00	
9:30		9:30		9:30		9:30	
10:00		10:00		10:00		10:00	
10:30		10:30		10:30		10:30	
11:00		11:00		11:00		11:00	
11:30		11:30		11:30		11:30	
WRITING PROGRESS		WRITING PROGRESS		WRITING PROGRESS		WRITING PROGRESS	

LOOKING AHEAD

TIME TO ORDER YOUR NEXT PLANNER! Visit yotbpress.com/prayerfulauthorjourney

Monthly Overview

How did my writing go this month?

Did I meet my writing and personal goals? Why or why not?

Am I happy with how I spent my time? If not, what changes will I make?

What did I learn this month that proved helpful?

What was my biggest time/ energy waster this month? How can I eliminate it?

What have I been procrastinating on?

FIND A PLACE TO SCHEDULE IT NEXT MONTH

What goals do I want to meet next month?

This Month's Focus

Personal Projects

Writing Projects

Other

MONDAY	TUESDAY	WEDNESDAY

Bible Study Goals

 Social Media Goals

THURSDAY	FRIDAY	SATURDAY	SUNDAY

 Book Sales / Releases / Queries

Week Of

Let your writing be your prayer today.

PRIORITY GOALS

TO DO

PRAYER REQUESTS

VERSE FOR THE WEEK

	MONDAY	TUESDAY	WEDNESDAY
	INTENTIONS	INTENTIONS	INTENTIONS
5:30			
6:00			
6:30			
7:00			
7:30			
8:00			
8:30			
9:00			
9:30			
10:00			
10:30			
11:00			
11:30			
	LET GOD LEAD	MY WORDS MATTER	SHOW GOD'S LOVE
12:00			
12:30			
1:00			
1:30			
2:00			
2:30			
3:00			
3:30			
4:00			
4:30			
5:00			
5:30			
6:00			
6:30			
7:00			
7:30			
8:00			
8:30			
9:00			
9:30			
10:00			
10:30			
11:00			
11:30			
	WRITING PROGRESS	WRITING PROGRESS	WRITING PROGRESS

GRATITUDES

THURSDAY		FRIDAY		SATURDAY		SUNDAY	
INTENTIONS		INTENTIONS		INTENTIONS		INTENTIONS	
5:30		5:30		5:30		5:30	
6:00		6:00		6:00		6:00	
6:30		6:30		6:30		6:30	
7:00		7:00		7:00		7:00	
7:30		7:30		7:30		7:30	
8:00		8:00		8:00		8:00	
8:30		8:30		8:30		8:30	
9:00		9:00		9:00		9:00	
9:30		9:30		9:30		9:30	
10:00		10:00		10:00		10:00	
10:30		10:30		10:30		10:30	
11:00		11:00		11:00		11:00	
11:30		11:30		11:30		11:30	
PRAY ALWAYS		TRUST & OBEY		WRITE HIS WORDS		REST IN HIM	
12:00		12:00		12:00		12:00	
12:30		12:30		12:30		12:30	
1:00		1:00		1:00		1:00	
1:30		1:30		1:30		1:30	
2:00		2:00		2:00		2:00	
2:30		2:30		2:30		2:30	
3:00		3:00		3:00		3:00	
3:30		3:30		3:30		3:30	
4:00		4:00		4:00		4:00	
4:30		4:30		4:30		4:30	
5:00		5:00		5:00		5:00	
5:30		5:30		5:30		5:30	
6:00		6:00		6:00		6:00	
6:30		6:30		6:30		6:30	
7:00		7:00		7:00		7:00	
7:30		7:30		7:30		7:30	
8:00		8:00		8:00		8:00	
8:30		8:30		8:30		8:30	
9:00		9:00		9:00		9:00	
9:30		9:30		9:30		9:30	
10:00		10:00		10:00		10:00	
10:30		10:30		10:30		10:30	
11:00		11:00		11:00		11:00	
11:30		11:30		11:30		11:30	
WRITING PROGRESS		WRITING PROGRESS		WRITING PROGRESS		WRITING PROGRESS	

LOOKING AHEAD

Week Of

"You are never too old to set another goal or to dream a new dream."

~C.S. Lewis

PRIORITY GOALS

TO DO

PRAYER REQUESTS

VERSE FOR THE WEEK

	MONDAY	TUESDAY	WEDNESDAY
	INTENTIONS	INTENTIONS	INTENTIONS
5:30			
6:00			
6:30			
7:00			
7:30			
8:00			
8:30			
9:00			
9:30			
10:00			
10:30			
11:00			
11:30			
	LET GOD LEAD	MY WORDS MATTER	SHOW GOD'S LOVE
12:00			
12:30			
1:00			
1:30			
2:00			
2:30			
3:00			
3:30			
4:00			
4:30			
5:00			
5:30			
6:00			
6:30			
7:00			
7:30			
8:00			
8:30			
9:00			
9:30			
10:00			
10:30			
11:00			
11:30			
	WRITING PROGRESS	WRITING PROGRESS	WRITING PROGRESS

GRATITUDES

THURSDAY		FRIDAY		SATURDAY		SUNDAY	
INTENTIONS		INTENTIONS		INTENTIONS		INTENTIONS	
5:30		5:30		5:30		5:30	
6:00		6:00		6:00		6:00	
6:30		6:30		6:30		6:30	
7:00		7:00		7:00		7:00	
7:30		7:30		7:30		7:30	
8:00		8:00		8:00		8:00	
8:30		8:30		8:30		8:30	
9:00		9:00		9:00		9:00	
9:30		9:30		9:30		9:30	
10:00		10:00		10:00		10:00	
10:30		10:30		10:30		10:30	
11:00		11:00		11:00		11:00	
11:30		11:30		11:30		11:30	
PRAY ALWAYS		TRUST & OBEY		WRITE HIS WORDS		REST IN HIM	
12:00		12:00		12:00		12:00	
12:30		12:30		12:30		12:30	
1:00		1:00		1:00		1:00	
1:30		1:30		1:30		1:30	
2:00		2:00		2:00		2:00	
2:30		2:30		2:30		2:30	
3:00		3:00		3:00		3:00	
3:30		3:30		3:30		3:30	
4:00		4:00		4:00		4:00	
4:30		4:30		4:30		4:30	
5:00		5:00		5:00		5:00	
5:30		5:30		5:30		5:30	
6:00		6:00		6:00		6:00	
6:30		6:30		6:30		6:30	
7:00		7:00		7:00		7:00	
7:30		7:30		7:30		7:30	
8:00		8:00		8:00		8:00	
8:30		8:30		8:30		8:30	
9:00		9:00		9:00		9:00	
9:30		9:30		9:30		9:30	
10:00		10:00		10:00		10:00	
10:30		10:30		10:30		10:30	
11:00		11:00		11:00		11:00	
11:30		11:30		11:30		11:30	
WRITING PROGRESS		WRITING PROGRESS		WRITING PROGRESS		WRITING PROGRESS	

LOOKING AHEAD

Week Of

"Faith does not eliminate questions. But faith knows where to take them."

~Elisabeth Elliot

PRIORITY GOALS

TO DO

PRAYER REQUESTS

VERSE FOR THE WEEK

	MONDAY	TUESDAY	WEDNESDAY
	INTENTIONS	INTENTIONS	INTENTIONS
5:30			
6:00			
6:30			
7:00			
7:30			
8:00			
8:30			
9:00			
9:30			
10:00			
10:30			
11:00			
11:30			
	LET GOD LEAD	MY WORDS MATTER	SHOW GOD'S LOVE
12:00			
12:30			
1:00			
1:30			
2:00			
2:30			
3:00			
3:30			
4:00			
4:30			
5:00			
5:30			
6:00			
6:30			
7:00			
7:30			
8:00			
8:30			
9:00			
9:30			
10:00			
10:30			
11:00			
11:30			
	WRITING PROGRESS	WRITING PROGRESS	WRITING PROGRESS
	GRATITUDES		

THURSDAY	FRIDAY	SATURDAY	SUNDAY
INTENTIONS	INTENTIONS	INTENTIONS	INTENTIONS
5:30	5:30	5:30	5:30
6:00	6:00	6:00	6:00
6:30	6:30	6:30	6:30
7:00	7:00	7:00	7:00
7:30	7:30	7:30	7:30
8:00	8:00	8:00	8:00
8:30	8:30	8:30	8:30
9:00	9:00	9:00	9:00
9:30	9:30	9:30	9:30
10:00	10:00	10:00	10:00
10:30	10:30	10:30	10:30
11:00	11:00	11:00	11:00
11:30	11:30	11:30	11:30
PRAY ALWAYS	TRUST & OBEY	WRITE HIS WORDS	REST IN HIM
12:00	12:00	12:00	12:00
12:30	12:30	12:30	12:30
1:00	1:00	1:00	1:00
1:30	1:30	1:30	1:30
2:00	2:00	2:00	2:00
2:30	2:30	2:30	2:30
3:00	3:00	3:00	3:00
3:30	3:30	3:30	3:30
4:00	4:00	4:00	4:00
4:30	4:30	4:30	4:30
5:00	5:00	5:00	5:00
5:30	5:30	5:30	5:30
6:00	6:00	6:00	6:00
6:30	6:30	6:30	6:30
7:00	7:00	7:00	7:00
7:30	7:30	7:30	7:30
8:00	8:00	8:00	8:00
8:30	8:30	8:30	8:30
9:00	9:00	9:00	9:00
9:30	9:30	9:30	9:30
10:00	10:00	10:00	10:00
10:30	10:30	10:30	10:30
11:00	11:00	11:00	11:00
11:30	11:30	11:30	11:30
WRITING PROGRESS	WRITING PROGRESS	WRITING PROGRESS	WRITING PROGRESS

LOOKING AHEAD

Week Of

*"The only thing more powerful than words is the **Author** who chooses them."*

~K.A. Gunn

PRIORITY GOALS

TO DO

PRAYER REQUESTS

VERSE FOR THE WEEK

	MONDAY		TUESDAY		WEDNESDAY
	INTENTIONS		INTENTIONS		INTENTIONS
5:30		5:30		5:30	
6:00		6:00		6:00	
6:30		6:30		6:30	
7:00		7:00		7:00	
7:30		7:30		7:30	
8:00		8:00		8:00	
8:30		8:30		8:30	
9:00		9:00		9:00	
9:30		9:30		9:30	
10:00		10:00		10:00	
10:30		10:30		10:30	
11:00		11:00		11:00	
11:30		11:30		11:30	
	LET GOD LEAD		MY WORDS MATTER		SHOW GOD'S LOVE
12:00		12:00		12:00	
12:30		12:30		12:30	
1:00		1:00		1:00	
1:30		1:30		1:30	
2:00		2:00		2:00	
2:30		2:30		2:30	
3:00		3:00		3:00	
3:30		3:30		3:30	
4:00		4:00		4:00	
4:30		4:30		4:30	
5:00		5:00		5:00	
5:30		5:30		5:30	
6:00		6:00		6:00	
6:30		6:30		6:30	
7:00		7:00		7:00	
7:30		7:30		7:30	
8:00		8:00		8:00	
8:30		8:30		8:30	
9:00		9:00		9:00	
9:30		9:30		9:30	
10:00		10:00		10:00	
10:30		10:30		10:30	
11:00		11:00		11:00	
11:30		11:30		11:30	
	WRITING PROGRESS		WRITING PROGRESS		WRITING PROGRESS

GRATITUDES

THURSDAY		FRIDAY		SATURDAY		SUNDAY	
INTENTIONS		INTENTIONS		INTENTIONS		INTENTIONS	
5:30		5:30		5:30		5:30	
6:00		6:00		6:00		6:00	
6:30		6:30		6:30		6:30	
7:00		7:00		7:00		7:00	
7:30		7:30		7:30		7:30	
8:00		8:00		8:00		8:00	
8:30		8:30		8:30		8:30	
9:00		9:00		9:00		9:00	
9:30		9:30		9:30		9:30	
10:00		10:00		10:00		10:00	
10:30		10:30		10:30		10:30	
11:00		11:00		11:00		11:00	
11:30		11:30		11:30		11:30	
	PRAY ALWAYS		TRUST & OBEY		WRITE HIS WORDS		REST IN HIM
12:00		12:00		12:00		12:00	
12:30		12:30		12:30		12:30	
1:00		1:00		1:00		1:00	
1:30		1:30		1:30		1:30	
2:00		2:00		2:00		2:00	
2:30		2:30		2:30		2:30	
3:00		3:00		3:00		3:00	
3:30		3:30		3:30		3:30	
4:00		4:00		4:00		4:00	
4:30		4:30		4:30		4:30	
5:00		5:00		5:00		5:00	
5:30		5:30		5:30		5:30	
6:00		6:00		6:00		6:00	
6:30		6:30		6:30		6:30	
7:00		7:00		7:00		7:00	
7:30		7:30		7:30		7:30	
8:00		8:00		8:00		8:00	
8:30		8:30		8:30		8:30	
9:00		9:00		9:00		9:00	
9:30		9:30		9:30		9:30	
10:00		10:00		10:00		10:00	
10:30		10:30		10:30		10:30	
11:00		11:00		11:00		11:00	
11:30		11:30		11:30		11:30	
	WRITING PROGRESS		WRITING PROGRESS		WRITING PROGRESS		WRITING PROGRESS

LOOKING AHEAD

Week Of

"A writer only begins a book. A reader finishes it."
~Samuel Johnson

PRIORITY GOALS

TO DO

PRAYER REQUESTS

VERSE FOR THE WEEK

	MONDAY		TUESDAY		WEDNESDAY
	INTENTIONS		INTENTIONS		INTENTIONS
5:30		5:30		5:30	
6:00		6:00		6:00	
6:30		6:30		6:30	
7:00		7:00		7:00	
7:30		7:30		7:30	
8:00		8:00		8:00	
8:30		8:30		8:30	
9:00		9:00		9:00	
9:30		9:30		9:30	
10:00		10:00		10:00	
10:30		10:30		10:30	
11:00		11:00		11:00	
11:30		11:30		11:30	
	LET GOD LEAD		MY WORDS MATTER		SHOW GOD'S LOVE
12:00		12:00		12:00	
12:30		12:30		12:30	
1:00		1:00		1:00	
1:30		1:30		1:30	
2:00		2:00		2:00	
2:30		2:30		2:30	
3:00		3:00		3:00	
3:30		3:30		3:30	
4:00		4:00		4:00	
4:30		4:30		4:30	
5:00		5:00		5:00	
5:30		5:30		5:30	
6:00		6:00		6:00	
6:30		6:30		6:30	
7:00		7:00		7:00	
7:30		7:30		7:30	
8:00		8:00		8:00	
8:30		8:30		8:30	
9:00		9:00		9:00	
9:30		9:30		9:30	
10:00		10:00		10:00	
10:30		10:30		10:30	
11:00		11:00		11:00	
11:30		11:30		11:30	
	WRITING PROGRESS		WRITING PROGRESS		WRITING PROGRESS

GRATITUDES

THURSDAY	FRIDAY	SATURDAY	SUNDAY
INTENTIONS	INTENTIONS	INTENTIONS	INTENTIONS

THURSDAY	FRIDAY	SATURDAY	SUNDAY
5:30	5:30	5:30	5:30
6:00	6:00	6:00	6:00
6:30	6:30	6:30	6:30
7:00	7:00	7:00	7:00
7:30	7:30	7:30	7:30
8:00	8:00	8:00	8:00
8:30	8:30	8:30	8:30
9:00	9:00	9:00	9:00
9:30	9:30	9:30	9:30
10:00	10:00	10:00	10:00
10:30	10:30	10:30	10:30
11:00	11:00	11:00	11:00
11:30	11:30	11:30	11:30
PRAY ALWAYS	**TRUST & OBEY**	**WRITE HIS WORDS**	**REST IN HIM**
12:00	12:00	12:00	12:00
12:30	12:30	12:30	12:30
1:00	1:00	1:00	1:00
1:30	1:30	1:30	1:30
2:00	2:00	2:00	2:00
2:30	2:30	2:30	2:30
3:00	3:00	3:00	3:00
3:30	3:30	3:30	3:30
4:00	4:00	4:00	4:00
4:30	4:30	4:30	4:30
5:00	5:00	5:00	5:00
5:30	5:30	5:30	5:30
6:00	6:00	6:00	6:00
6:30	6:30	6:30	6:30
7:00	7:00	7:00	7:00
7:30	7:30	7:30	7:30
8:00	8:00	8:00	8:00
8:30	8:30	8:30	8:30
9:00	9:00	9:00	9:00
9:30	9:30	9:30	9:30
10:00	10:00	10:00	10:00
10:30	10:30	10:30	10:30
11:00	11:00	11:00	11:00
11:30	11:30	11:30	11:30
WRITING PROGRESS	WRITING PROGRESS	WRITING PROGRESS	WRITING PROGRESS

LOOKING AHEAD

TIME TO ORDER YOUR NEXT PLANNER! Visit yotbpress.com/prayerfulauthorjourney

Quarterly Overview

Am I still on target with my yearly goals?
Or has God led me on a new path?

What kept me from meeting my goals this quarter?

With God's help, what can I do to eliminate these obstacles?

What changes is God calling me to make next quarter?

ADD THESE TO YOUR PRAYER LIST

How did my work and activities reflect the yearly word I chose?

What do I feel God wants me to do next quarter?

What three steps can I take next quarter to meet these goals?

ADD ONE STEP TO EACH MONTHLY GOAL LIST

For YEAR IN REVIEW, order your next PRAYERFUL AUTHOR JOURNEY Planner Now!

This Month's Focus

Personal Projects

Writing Projects

Other

MONDAY	TUESDAY	WEDNESDAY

Bible Study Goals

Visit yotbpress.com/prayerfulauthorjourney

Social Media Goals

THURSDAY	FRIDAY	SATURDAY	SUNDAY

Book Sales / Releases / Queries

Book List

- [x] Books in My Genre
- [ ]
- [ ]
- [ ]
- [ ]
- [ ]
- [ ]
- [ ]
- [ ]
- [ ]
- [ ]
- [x] Books on Business
- [ ]
- [ ]
- [ ]
- [ ]
- [ ]
- [ ]
- [ ]
- [ ]
- [ ]

Book List

☑ Books on Writing Craft

☐

☐

☐

☐

☐

☐

☐

☐

☐

☐

☑ Books to Grow My Faith

☐

☐

☐

☐

☐

☐

☐

☐

Need more room for your reading list?
Visit YOTBpress.com/prayerfulauthorjourney for free printables!

Story Ideas

Story Ideas

Need more room for your story ideas?
Visit YOTBpress.com/prayerfulauthorjourney for free printables!

Story Ideas

Story Ideas

Need more room for your story ideas?
Visit YOTBpress.com/prayerfulauthorjourney for free printables!

Submission Tracker

#	Title	Word Count	Deadline	Date Submitted	Decision Notified
1.	*God's Miracle*	*265*	*NA*	*12-29*	
2.					
3.					
4.					
5.					
6.					
7.					
8.					
9.					
10.					
11.					
12.					
13.					
14.					
15.					
16.					
17.					
18.					
19.					
20.					
21.					
22.					

Submission Tracker

Publisher	Submission Guidelines URL
1. *The Upper Room*	https://submissions.upperroom.org/en/meditations/new
2.	
3.	
4.	
5.	
6.	
7.	
8.	
9.	
10.	
11.	
12.	
13.	
14.	
15.	
16.	
17.	
18.	
19.	
20.	
21.	
22.	

Need more room for your submission tracker?
Visit YOTBpress.com/prayerfulauthorjourney for free printables!

Income

Date	Description	Amount
		$
		$
		$
		$
		$
		$
		$
		$
		$
		$
		$
		$
		$
		$
		$
		$
		$
		$
		$
		$

Income

Date	Description	Amount
		$
		$
		$
		$
		$
		$
		$
		$
		$
		$
		$
		$
		$
		$
		$
		$
		$
		$
		$
		$

Need more room for tracking your income? WAY TO GO!
Visit YOTBpress.com/prayerfulauthorjourney for free printables!

Expenses

Date Description Category

Expenses

Date   Description   Category

_____

_____

_____

_____

_____

_____

_____

_____

_____

_____

_____

_____

_____

_____

_____

_____

_____

Category Key:

	Travel	Professional Development
	Entertainment	Advertising
Capital Expenses	Mileage	Taxes
Business Use of Home	Supplies	Rental
Business Use of Car	Postage	Cost of Goods Sold

Need more room for tracking expenses?
Visit YOTBpress.com/prayerfulauthorjourney for free printables!

About the Authors

USA Today bestselling author **RACHEL J. GOOD** writes life-changing, heart-tugging novels of faith, hope, and forgiveness. She grew up near Lancaster County, Pennsylvania, the setting for her Amish novels. Striving to be as authentic as possible, she spends time with her Amish friends, doing chores on their farm and attending family events.

Rachel is the author of several Amish series in print or forthcoming – the bestselling *Love & Promises*, *Sisters & Friends, Surprised by Love, Unexpected Amish Blessings*, and two books in *Hearts of Amish Country* – as well as the *Amish Quilts Coloring Books*. In addition, she has stories in many anthologies, including the *Amish Christmas Twins*.

Along with Amish novels, she has written 50+ books in different genres under several pen names.

Rachel enjoys meeting readers and speaks regularly at book events, schools, libraries, churches, book clubs, and conferences across the country. She also loves talking about her book research, Amish life and traditions, and/or doing coloring book parties.

To connect with Rachel:

Website: www.racheljgood.com

Facebook: www.facebook.com/racheljgoodnovels

Twitter: https://twitter.com/racheljgood1

Newsletter: http://bit.ly/1qwci4Q

Dr. DEMI STEVENS, CEO, Year of the Book press, turns writing dreams into successfully published books. She has personally assisted in the production of 350 titles by more than 150 authors, ranging from children's picture books to sizzling romance, award-winning mysteries, and bestselling business books.

She holds degrees from West Virginia University, Capital, Northwestern, and Ohio State, and has taught at Ohio State University and Delaware Valley College, and served as Director of Paul Smith Library in southcentral Pennsylvania.

Many clients call Demi the "Book Whisperer," but perhaps "Book Midwife" is more appropriate, because literary labor and delivery can be so painful. Each year she coaches a limited number of writers one-on-one through the entire drafting, editing, and publishing process.

To learn more, visit: YOTBpress.com

Or email her at: demi@yotbpress.com

Let's make this YOUR Year of the Book!

My Blessings

My Blessings

Answered Prayers

Answered Prayers

Notes

Notes

www.ingramcontent.com/pod-product-compliance
Lightning Source LLC
Chambersburg PA
CBHW081229080526
44587CB00022B/3867